O Guardião das Sete Facas

A Jornada de um Guia Espiritual

José Usher

O Guardião das Sete Facas

A Jornada de um Guia Espiritual

MADRAS®

© 2016, Madras Editora Ltda.

Editor:
Wagner Veneziani Costa

Produção e Capa:
Equipe Técnica Madras

Revisão:
Silvia Massimini Felix
Maria Cristina Scomparini
Neuza Rosa

Dados Internacionais de Catalogação na Publicação (CIP)
(Câmara Brasileira do Livro, SP, Brasil)

Usher, José
O guardião das sete facas : a jornada de um
guia espiritual / José Usher ; inspirado pelo
Guardião das 7 Facas. -- São Paulo : Madras, 2016.

ISBN 978-85-370-1014-3

1. Ficção umbandista I. Guardião das 7 Facas.
II. Título.
16-05292 CDD-299.672

Índices para catálogo sistemático:
1. Umbanda : Romance mediúnico 299.672

É proibida a reprodução total ou parcial desta obra, de qualquer forma ou por qualquer meio eletrônico, mecânico, inclusive por meio de processos xerográficos, incluindo ainda o uso da internet, sem a permissão expressa da Madras Editora, na pessoa de seu editor (Lei nº 9.610, de 19/2/1998).

Todos os direitos desta edição reservados pela

MADRAS EDITORA LTDA.
Rua Paulo Gonçalves, 88 – Santana
CEP: 02403-020 – São Paulo/SP
Caixa Postal: 12183 – CEP: 02013-970
Tel.: (11) 2281-5555 – Fax: (11) 2959-3090
www.madras.com.br

Agradecimentos

*Aos meus pais, que foram o exemplo do êxito que se consegue com esforço constante.
À minha esposa, que com muito amor e paciência me incentivou para concluir este trabalho.
Ao grande mestre Rubens Saraceni, que com os seus conselhos e apoio soube me inspirar para chegar até o fim com este sonho.
Aos meus amigos e mestres, Alexandre Cumino e Rodrigo Queiroz, que nunca deixaram de me ensinar como se tem de perseverar e ajudar o melhor possível.*

Índice

Prefácio 8
Introdução 10
Capítulo I – Despertando para a Realidade 11
Capítulo II – O Julgamento 23
Capítulo III – A Fuga 29
Capítulo IV – Penitência Antes do Juízo 39
Capítulo V – Mudança de Rumo 50
Capítulo VI – Acordando na Praça 57
Capítulo VII – A Prisão. Meu Abrigo 64
Capítulo VIII – O Passado e Minha Purificação 70
Capítulo IX – Recuperando a Essência 80
Capítulo X – O Reencontro 85
Capítulo XI – Consertando Passados 91
Capítulo XII – Unindo Vidas, Relacionando Passos 98
Capítulo XIII – Conhecendo as Trevas 103
Capítulo XIV – Reativando Mistérios 112
Capítulo XV – Iniciado nos Mistérios da Lei Maior 123
Capítulo XVI – Nos Domínios da Lei 130
Capítulo XVII – O Início 138
Capítulo XVIII – A Prisão 166
Capítulo XIX – Nos Domínios Minerais 169
Capítulo XX – Conhecendo o Mistério 175
Capítulo XXI – O Guardião das Sete Facas 188

Prefácio

A história de vida e morte contada pelo Guardião das Sete Facas, em primeira pessoa, ensina-nos muitas coisas.

Muito se aprende nos livros, muito se aprende estudando, muito se aprende com um mestre encarnado ou espiritual. No entanto, nada nem ninguém ensina mais que a vida; embora muitos não se deem conta, tudo tem uma razão de ser e acontecer em nossas vidas. Nada, ou melhor, nenhuma situação vem ao nosso encontro ou de encontro a nós por acaso.

Ninguém sabe ao certo quem somos nós ou ainda a real complexidade do que é o ser humano. Somos, sim, corpo, mente, espírito e emoção. Somos um complexo de energias, vibrações e massa coordenados por um mental. Somos seres que vivem diversas experiências contadas nas várias vezes que reencarnamos e, em cada encarnação, recebemos a carga de experiências das gerações anteriores, assim como assumimos como nosso muitos valores da cultura e da sociedade que fazemos parte.

Falamos muito em liberdade, mas quase nada de liberdade existe em nós, além de umas poucas escolhas que fazemos e que na verdade são muito óbvias e previsíveis, ainda assim nos orgulhamos em satisfazer o ego, a vaidade e o culto a nossa própria personalidade e identidade.

Vivemos o resultado de nossas ações nas vidas anteriores, vivemos o resultado das ações de nossos ancestrais, vivemos o resultado das experiências de nossos grupos familiares e sociais. Vivemos isso de forma mecânica, até se tornar inconsciente e acabamos como simples animais guiados por extinto, orgulhosos de nossa força, aparência, esperteza ou pseudossabedoria. E nesta inconsciência do que realmente somos, de onde viemos, de onde estamos ou de onde vamos, nós acabamos simplesmente sendo levados por tudo isso como se não houvesse a oportunidade de assumir as rédeas da consciência. E ao fim de todas as experiências vividas, de forma inconsciente, acabamos por justificar que este era mesmo o nosso destino.

Assim é a história de boa parte da humanidade; assim é a história do Guardião das Sete Facas. O agravante na história de cada um é o quanto se pode mergulhar mais fundo nas trevas de nossa ignorância e de nossa inconsciência, de "fatalidade" em "fatalidade" do nosso suposto destino.

Por mais fundo que alguém possa se entregar à ira, à inveja, à cobiça, ao ciúmes, ao ódio, ao fanatismo, às agressões, à ignorância, aos vícios e tudo o mais de negativo e desumano, ainda assim não deixamos de ser humanos e sempre haverá alguém para nos estender a mão e nos amar.

No fundo e na transparência de todo ser humano, cada vício, sentimento ou atitude negativa é apenas o resultado da falta de amor.

Não aprendemos a amar a nós próprios em primeiro lugar e isso torna impossível amar ao próximo.

Toda a nossa sociedade carece de amor e cuidado; o mínimo que podemos dar uns aos outros é uma relação mais humanitária que hoje se traduz em relação humanizada.

Dizem que alguém tão humano como Jesus só poderia ser Deus em pessoa, no entanto, existe um pouco de Deus e de Jesus em cada um de nós. Mesmo quando perdidos no sombrio vale das trevas e da ignorância que habita dentro de cada um de nós é possível encontrar pessoas boas e amorosas que se tornaram conscientes de si mesmas e dos outros à sua volta. Estas pessoas despertas são verdadeira luz em nossas vidas; aparecem quando menos esperamos e têm a capacidade de despertar a luz do saber e do amor que existe em cada um de nós.

Assim é a história do Guardião das Sete Facas e também é a história de todos nós. Sim, de todos nós, porque a história de um é a história de todos; todos somos UM, eu sou você, você sou eu, e Deus, com todas as Suas divindades, habita em cada um de nós. Por isso digo que: Oxalá em mim reconhece Oxalá em você!

Boa leitura!
Alexandre Cumino

Introdução

Advogado, marido e pai de família. Assim era Julião, um homem correto e respeitado que levava uma vida regrada na sociedade equatoriana dos anos 1870. Tinha a pele morena, bigode, sorriso sagaz mas imparcial e andar elegante. Bem alinhado, costumava trajar terno preto com camisa branca, sapatos de xaréu bicolores, gravata de seda e chapéu panamá na cor do terno. Sempre pautado na justiça, lutava por um mundo que obedecesse às leis, e via na família a razão de seu viver. Era dotado de personalidade imponente e temperamento que marcavam presença em seus simples silêncios. Com voz penetrante e palavras discretas, possuía determinação e coragem diante de qualquer eventualidade injusta e negativa.

A vida seguia seu curso em um cotidiano de glórias para Julião, e tudo aparentava caminhar sobre a senda da evolução. No entanto, a adversidade do destino provou ser implacável e desmoronou cada tijolo construído em sua última vida, transformando-a em um suplício de raiva, impotência e dor.

Decisões erradas apagaram o brilho e a forma regrada de viver do advogado, resultando em uma vingança que seguiu além da carne. A lembrança dos muitos dissabores impregnou em seu espírito, e ali ficou ele, caminhando desenganado pelas trevas, vivendo a regressão pautada pelos ditames da Lei Divina, até despertar o mistério adormecido em seu coração, que faria dele um servidor da Lei Maior e da Justiça do Criador.

Vamos à história de um grande amigo, que me deu a permissão de contar parte de sua memorável vida e experiência divina, a qual mereceu ganhar e absorver em suas etapas evolutivas. Pouco importa quem sou eu; acompanhe-me e aprenderemos juntos sobre esse grande irmão, hoje mantenedor da Lei eterna e imutável.

Capítulo I

Despertando para a Realidade

As pálpebras de Julião começaram a mover-se, dando início à sua confusão, aprendizado, regressão, reflexão e ascensão do espírito. Seus movimentos eram lentos, uma dor de cabeça inquietante lhe destroçava a razão e não permitia interpretar o que havia ao seu redor. Levando as mãos ao rosto, esfregou-o um pouco, como que tentando tomar consciência de sua realidade ou acordar do suposto pesadelo. Isso pouco ajudou, mas com muita força conseguiu observar onde se encontrava. Aquele quarto era muito familiar para ele, embora não assimilasse as manchas avermelhadas pela parede, tampouco o odor que exalava da cama e o silêncio anormal ecoando pela janela entreaberta que dava para a praça na qual tantos momentos felizes foram vividos com suas filhas e esposa.

Tentando se levantar, pegou impulso e, com muita dificuldade, conseguiu se sentar sobre a cama. Reconheceu que, sem dúvida, aquele era seu quarto. A dor de cabeça persistia e o atormentava demais, um zumbido ressoava dentro dos ouvidos. Não se recordava do que realmente havia acontecido antes de despertar. Olhando para o teto, ficou petrificado ao ver penduradas sanguessugas com asas, todas à altura de sua cabeça. Com o susto, sua respiração acelerou e, como em um convite, essas criaturas voaram em sua direção. Soltou um grito e pulou da cama, investindo contra as sanguessugas, sem perceber que elas já haviam desaparecido.

Quando se deu conta, já estava em pé ao lado da cama, mas ainda não podia se movimentar bem porque uma força pesava sobre seus pés e dificultava seu caminhar. "Quanto tempo terei dormido para estar com o corpo tão pesado?", pensou ele em voz alta. Não se passaram dois minutos dessa indagação, ouviu vozes e vários cavalos, aparentemente. O som fazia-se cada vez mais forte e sua curiosidade também. Alguma coisa feia teria ocorrido, e era isso que ele gostaria de saber.

Imediatamente relacionou sua situação com algum fenômeno anormal na cidade, pensamento descartado logo que observou pela janela meia dúzia de cavalos parando em frente à sua casa. Ainda não entendia o porquê, até que um oficial, aos gritos, pronunciou as seguintes palavras:

– Advogado, sabemos do crime que cometeu. Não tem saída, saia com suas mãos para cima, por favor!

O respeito por aquele advogado, um dos mais famosos do Equador, era grande. Isso era demonstrado até na advertência do policial.

Pasmo, Julião tentou assimilar o comentário feito por aquele amigo do passado, Estevão. Tomando como uma piada de mau gosto, tentou ir até a janela, mas, por mais que tentasse, não conseguia mover os pés de onde se encontrava. Novamente o delegado o advertiu:

– Julião, acabe com esse jogo, por favor, ou entraremos à força!

– Estão doidos! – gritou ele. – Parem de fazer piadas e me ajudem a sair daqui, estou paralisado.

Como Julião não respondia às ordens de Estevão, o advogado notou que homens uniformizados começaram a se dirigir até a porta principal da residência. "Pelo menos acabaram com a piada", pensou Julião. Ouviu os passos de várias pessoas subindo as escadas da casa e, em voz alta, tentou chamar a atenção deles, mas foi em vão. Assim que entraram no quarto de Julião, os policiais taparam os narizes e comentaram:

– Aqui tem cheiro de carne queimada, oficial! Esse psicopata incinerou parte do corpo da própria esposa.

– Sim, somente por causa desse cheiro ruim foi que os vizinhos suspeitaram e nos ligaram – respondeu Estevão.

Com o rosto cheio de surpresa e lágrimas vertendo dos olhos, Estevão entrou no quarto e olhou para o chão, fazendo um gesto de negação com a cabeça. Ele disse:

– O que você fez, Julião! A que ponto chegou para cometer essa estupidez? Toda essa lei que sempre pregou, essa honestidade de cada palavra sua sumiram com brutalidade!

Julião, surpreso e sem entender nada, agitou novamente os braços para chamar a atenção do grupo, mas sem qualquer resposta. Ele gritava desesperado, afirmando que essa era a pior piada que viveu e que jamais os perdoaria, mas ninguém notava sua presença. Em um ato de desespero, conseguiu mover os pés em direção ao grupo, mas sentiu uma tontura e caiu ao chão. Foi aí que enxergou seus sapatos de verniz preferidos na outra ponta da cama. Ainda mais alterado, foi rastejando e constatou o restante da cena que marcou o início de sua confusão. Avistou seu cérebro espalhado pelo chão, uma pistola em sua mão direita e uma faca na esquerda; seu chapéu estava manchado de sangue e um buraco mostrava como a bala tinha atravessado sua cabeça. Acompanhado de coágulos que haviam se formado sob seu corpo, ele reconheceu imediatamente a esposa com o rosto dilacerado, o torso nu e vários ferimentos de faca na região do abdome. A roupa íntima dela estava queimada, assim como suas genitálias.

A cena foi mais que suficiente para que de Julião irrompesse um grito e ele desatasse a chorar. A impotência na pele dera-lhe como um infarto. Seu coração se dobrou em dor e sua cabeça voltou a ter aquela dor indescritível acompanhada do zumbido desagradável. As criaturas do teto voltaram e novamente pousaram sobre ele, mas dessa vez mastigando sua cabeça e suas mãos. O desconforto provocado por esses seres não era maior que a angústia que se apossou de seu corpo. Sua tristeza cobrou mais vida que a própria vida, mas, apesar de tamanho desequilíbrio emocional, emergiu um pouco de lucidez; Julião compreendeu e assumiu que estava morto. O que não podia conceber era por que teria assassinado a própria esposa. Havia tirado a vida da pessoa a quem mais amava. Tudo estava indefinido para ele, não existiria qualquer consolo para o que estava vivendo.

Estevão se aproximou e sentiu uma leve respiração por parte da mulher. Aos gritos, ordenou que os enfermeiros subissem até o quarto. Removeu de cima dela o corpo do advogado, e nesse instante Julião observou como o sexo de sua esposa se encontrava praticamente em carne e osso. Viu como seu rosto desfigurado marcava a bestialidade escrita com o fio da faca.

Enquanto retiravam seu corpo e o da esposa, Julião ficou de joelhos e se amaldiçoou; jurou fazer justiça por conta própria. Jamais se perdoaria por ter cometido uma ação tão atroz. Com o olhar perdido e o rosto cheio de ira, o advogado resolveu sair dali. Dessa vez não teve dificuldade para se levantar e caminhar, pois, embora não soubesse, seu negativismo e ódio acumulados estabilizaram-no naquele ambiente onde se encontrava. Abriu a porta e se dirigiu ao quarto de suas filhas, mas ao chegar lá não encontrou nada alterado, nem suas filhas estavam ali. "Terão fugido quando cometi essa estupidez! Minhas filhas, onde estão?!", mais sofrimento se somou aos seus pensamentos.

Mais nada tinha de fazer na casa. Desceu as escadas, caminhou até a entrada e, ao chegar à sala, percebeu uma luz brilhante nas cores azul-clara e rosa que girava em sentido horário. A visão deixou-o fascinado por alguns instantes, ainda que não entendesse o porquê de algo tão divino em uma casa onde pairavam assassinato e suicídio. "Não sou merecedor de semelhante beleza", pensou. "Para mim só resta esse ambiente frio e negativo." Novamente a tristeza o invadiu, e, saindo com raiva, bateu a porta sem olhar para trás.

Como eram altas horas da madrugada, a rua estava deserta. Sabendo que não podia ir até ninguém, caminhou vagarosamente até a praça na esquina de sua residência. Sentou-se em um dos bancos e utilizou o silêncio do lugar como um dominador de todos os pensamentos inúteis que o atormentavam.

"Aceito com toda a Sua força imutável, querido Criador, o castigo que me impôs com essa dor de cabeça, esse zumbido ensurdecedor e o peso que carrego sobre mim que praticamente me imobiliza. Aceito a punição da solidão e peço ainda mais, porque não sou nem fui nada. Meus atos determinaram que, de uma única vez, tudo o que construí fosse destruído, alterando meu futuro, e agora somente a ruína habita minha existência. De nada adiantou defender a lei, a qual eu mesmo profanei; sou o mais repugnante dos homens desta terra, sou mais ofensor que aqueles que mandei apodrecerem no fundo da prisão. Imponha-me ao juízo final porque mutilei uma obra Sua designada a mim. Eu, sem piedade, a destrocei; e destruí outra simples obra Sua, tirando minha própria vida."

Apesar das súplicas, não vislumbrou nenhuma resposta, nenhum apoio. Para alimentar ainda mais o ódio que sentia contra si mesmo, fez uso de sua capacidade de relembrar sucessos do passado. Com toda a concentração possível, buscou o desenlace do fato que o levou a destruir Irma, sua esposa, e em seguida se suicidar. Passaram-se vários minutos até que começaram a chegar imagens daquele passado ainda recente.

* * *

Já era tarde da noite. Após ter vencido com êxito mais um caso, o advogado acabava de chegar em casa com o pensamento de quanto amava a esposa e as duas filhas. Aquela era uma noite de comemoração para todos, por outra vitória da lei, a qual era respeitada por aquela família bem formada.

Caminhou lentamente com sua maleta na mão, arrumou o chapéu e o paletó, aproximou-se da porta e tocou a campainha. Mais de um minuto depois, ninguém havia respondido, o que era bem estranho. Girou a maçaneta e viu que estava destrancada. Lentamente abriu a porta, que dava na sala de estar, e visualizou dois vultos na escuridão. Ele se aproximou um pouco mais, acendeu a luz e dirigiu o olhar ao chão.

Em uma explosão de sentimentos negativos, os olhos do advogado começaram a arder em lágrimas ao avistar suas filhas mortas, tingidas de sangue na altura da genitália. Saltou sobre elas e as abraçou forte, sem saber o que fazer nem aonde ir. Gritos, choro e blasfêmias o levaram a uma expressão de loucura no rosto. Levantou-se do chão e começou a correr por toda a casa, chamando por sua esposa:

– Irma, onde está?!?!... Irma!!!

Quando chegou ao quintal, enxergou um homem vestido de preto com a cabeça coberta por um capuz, montado sobre a esposa, que estava amordaçada com um pano cheio de sangue. Em um ato de fúria, pegou um machado que estava no jardim e, sem sentimento algum, jogou-se para cima do homem, que revidou. Dois cortes no pescoço foram suficientes para que o casaco do indivíduo fosse tingido de vermelho-escuro. Sem perceber que aquele criminoso já estava morto, seguiu cortando-o até lhe deformar o rosto e parte do corpo. Por um momento, esqueceu-se da esposa e das filhas, a ponto de se deleitar com a atrocidade que estava protagonizando. Não se deu conta de que a mulher observava aquela bestialidade. Quando voltou a si, como um vulcão irrompeu em pranto e se lançou sobre a esposa. Irma urrou de dor assim que ele retirou a mordaça de sua boca. Limpando o sangue e o barro sobre o peito dela, apertou-a forte contra ele e apenas desatou a chorar. Após alguns momentos de desolação, sem compreender o que havia acontecido, pediu alguma explicação à mulher.

Ela lhe contou que um homem conhecido pela família tocou a campainha e perguntou por ele, mas logo foi entrando. Trancou a porta e agarrou Irma. Sacou do bolso um pano encharcado de álcool e o apertou contra seu nariz até que ela caísse ao chão, praticamente desacordada. Mas, mesmo com a pouca lucidez que restava por estar drogada, ela viu como suas filhas eram violentadas e apanhavam do homem. Sem forças e tomando a cena como uma alucinação, fechou os olhos e perdeu a consciência. Acordou já no jardim, embaixo do maníaco e impossibilitada de gritar.

Sem saber ainda quem era aquele infeliz responsável por tal horror, Julião não acreditava no que Deus havia preparado para ele. Sua fé na lei e na justiça desmoronou-se naquele instante; essa ordem imparcial que, com muito amor pela verdade, colocava na vida dos injustos.

"Pergunto-me: como a própria lei seria injusta comigo? De que adiantaram minhas lutas pela justiça, quando a balança da vida pendeu para o lado da dor? Deus, que maldito é você. Amaldiçoou minha família com a morte, permitiu que minhas filhas fossem defloradas, deixou que minha mulher fosse violentada e traumatizada por um ser vil e infernal que entrou em minha casa com a chave de Seu destino imposto para mim. Nunca me esquecerei disso, Senhor, tudo o que achava de você foi destruído. Quebrou-se o espelho no qual eu me observava, foi assassinada a imagem da minha perseverança e amor. Minhas estrelas se foram, apagou-se a constelação de minhas noites e murchou-se toda a beleza do jardim de meu amor: minha esposa!"

Voltando à realidade, Julião perguntou a Irma novamente quem era esse homem de quem ela falava. Toda a raiva depositada no machado havia deformado o rosto do maníaco. O restante de pano que ainda o cobria apenas escondia um irreconhecível violador. Irma, com ar de mistério e dúvida, falou:

– Ele era o tal André, aquele amigo seu, com quem você tinha estudado um tempo atrás.

A incredulidade da situação apossou-se ainda mais do advogado e um ódio gigantesco apoderou-se de seu coração, fazendo Julião pular novamente sobre aquele corpo inerte e esmurrar ainda mais a face já deformada, enquanto praguejava maldições e juramentos de ódio.

Então, tomou sua mulher e a levou até a sala, onde suas filhas se encontravam mortas. Ao se deparar com aquela cena tétrica, Irma perdeu de novo a consciência e caiu desmaiada. Julião saiu gritando pela rua, pedindo ajuda e depois voltou correndo à casa, para se sentar ao lado das filhas e da esposa, com um olhar desolado. Ele acumulava desejos de vingança e outros sentimentos que até esse instante nosso querido amigo desconhecia.

* * *

Passaram-se alguns dias e aconteceu o funeral. Não existia consolo para aquele casal que se despedia de seus maiores tesouros, por quem Julião daria toda a defesa que seu amor e sua alma continham. Tudo estava fora do lugar; tristeza era o único livro que ele podia ler. Somente a lei da vingança habitava sua cabeça. Ele não teria mais as risadas e jantares que seus amores preparavam toda noite, logo que ele voltasse de uma longa jornada de trabalho. Os planos de um futuro junto às filhas e esposa desapareceram na fumaça da depressão que nasceu nessa noite de trágicas imagens.

Os caixões desceram e a terra começou a ser lançada sobre eles. Assim como eram sepultadas duas vidas suas, a dele também ficava junto a elas, convertendo-o em um homem racional e de emoções totalmente feridas. Porém, ele não sabia que o martírio ainda não havia acabado.

Várias semanas depois a Lei o tinha eximido de toda culpa pela situação de escárnio que viveu com sua família. Ele, como advogado justo e honesto que sempre foi, não compreendia a lei imposta a si pelo Criador, e, por causa disso, suas orações diárias passaram a ser interrogativas e o desinteresse pelo mundo espiritual que a ele tanto intrigava, pela ordem que a natureza possuía fora e dentro desse planeta, se intensificou. Como toda pessoa de fé, ele sempre deixava seus julgamentos nas mãos da justiça divina, para que os juízes do alto determinassem o resultado de sua intermediação como advogado na Terra. Mas agora o juízo divino não tinha saído a seu favor, deixando-o decepcionado e fazendo-o dar as costas a tudo isso. Culpou o alto como injusto e ilícito em virtude da falta cometida contra sua própria família.

* * *

Vagarosamente o tempo passou e chegava-se a um ano do acontecido. Era o dia do aniversário de sua decadência, e o advogado estava de mal a pior. Acendeu uma vela sem sentido, acompanhando sua mulher e outros familiares que, para ele, não eram mais do que simples ingratos e falsos personagens que chegaram a seu lar para consolar o inconsolável. Começaram a orar, e lágrimas escorreram por seu rosto que já não encontrava qualquer fortaleza para evitar essa dor.

– O esquecimento morreu com minha fé, a superação foi violada com a incredulidade, minhas forças foram vencidas pela dor, sou tão somente um desperdício que lutou para que lhe tirassem a felicidade – falava em voz baixa, enquanto os demais oravam.

Quando as orações acabaram, Julião não estava com vontade de falar com ninguém, então foi até o jardim para pensar em qualquer coisa. Sentou-se perto da gangorra onde suas filhas brincavam e relembrou novamente a terrível cena como tivesse acontecido ontem. André morto em seu jardim e sua mulher amordaçada com um pano encharcado com o sangue das próprias filhas. Enquanto essas imagens pairavam em sua mente, ouviu uma conversa que ecoava pela janela da cozinha. Intrigado pelo cochicho, aproximou-se e, com atenção, ouviu uma notícia que o faria explodir em dor e ódio: "Irma, o dia em que Julião souber, não vai perdoá-la. Você é culpada por ter mantido uma relação às escondidas com aquele homem. Você sabia que ele era um ser obsessivo, que sempre tentou tirar Julião de sua mente, e você deixou que tudo isso acontecesse...".

Tentando manter o controle e assimilar o que acabara de ouvir, prestou mais atenção na resposta de sua mulher: "André foi algo bom em minha vida, mas o excesso de bebidas e aquela obsessão por mim o levaram à maior estupidez. Sinto a maior culpa por minhas filhas terem morrido, não me perdoarei jamais, pior ainda porque sinto que esse segredo tenha prejudicado tanto Julião... Ele vale muito como homem, e meu deslize emocional cultivou a pior lembrança que guardo em meu coração".

Um calafrio de surpresa correu pelo corpo de Julião, que apertou os lábios e saiu correndo dali. Correu sem destino algum, com as lágrimas mais ácidas que pudera sentir um dia. Havia sido enganado, dilacerado por dentro; haviam lhe tirado seus maiores tesouros; tinha dado amor a uma pessoa que não correspondia do mesmo jeito; depositara sua confiança em um homem que, com suposto fervor de religioso, praticamente habitava seu lar. Tudo conspirava para que ele se convertesse no ser mais horroroso e frio que qualquer um poderia ter imaginado.

Tentando se acalmar em sua frieza e descrença, entrou em um bar para planejar a vingança que executaria contra a esposa. Ele chamou a atenção de alguns bêbados que se encontravam ali. Eles chegaram a se aproximar da mesa de Julião, com vontade de causar-lhe problemas, mas o ódio que saía pelos poros dele fez com que eles desviassem o olhar. Nunca tinha sentido tanto rancor.

– Você se deixou afundar com seu sexo sujo nessa obsessão maldita por ele! – falava em voz alta.

Depois de alimentar os pensamentos com ideias de vingança e imaginar quantas noites o suposto amigo tinha adentrado sua casa, quantas vezes ele teria observado e desejado suas filhas, quantas horas de prazer teria tido com sua esposa enquanto ele trabalhava em nome da lei para alimentar sua família com todo amor e comodidade possíveis, encontrou motivos e forças suficientes para matar a própria esposa.

Quando acabou de planejar o que precisava para executar tal ação, sentiu certo prazer ainda desconhecido por ele. Uma alegria vingativa se apoderou de seu rosto, e olhando a todos começou a gargalhar rancorosamente. Não entendia esse sentimento, mas aproveitou o momento para saborear e acumular ainda mais coragem e ódio pela companheira de caminhada.

Saindo do bar, voltou para casa jurando que nada insinuaria. Ao chegar, foi à cozinha e preparou algo para comer. Foi até a sala e pegou um livro sem sentido para ler, enquanto seguia planejando a forma exata como Irma morreria. Depois de um longo tempo, subiu as escadas e ficou olhando os quadros que ele e suas filhas pintaram juntos em honra ao carinho e amor que tinham como família. Chegou a seu quarto e entrou devagar para não acordar a esposa, mas ela estava ali sem pegar no sono. Ela comentou:

– Até que enfim você chegou, amor, estava preocupada. Onde estava?

– Caminhei um longo tempo, amor. Precisava tirar algumas coisas do peito.

– Deite-se aqui comigo, preciso te sentir um pouco.

Julião observou-a na penumbra e viu seu rosto de desejo. Ele se deitou, ignorando-a. No mesmo instante, ela se lançou sobre o peito dele, acariciou-o e sussurrou insinuante ao pé do ouvido:

— Faz um ano que não temos relações, meu amor; preciso te sentir novamente.

— Já passou muito tempo, Irma, mas ainda não estamos recuperados — Julião respondeu com um tom mais alto.

Sem questionar, ela se lançou novamente sobre ele. Com toques mais excitados, passou a mão em seu membro e falou novamente:

— Vamos, Julião, um minuto não te faz nada.

A excitação de Julião se fez presente em meio ao ódio e à raiva. Com uma violência de vingança, ele apertou Irma contra o próprio corpo e tiveram relações violentas e descontroladas. Ele começou a machucá-la com a violência da penetração, e a mulher tentou se sair dele. Mas apertou-a de novo ainda mais forte e olhou-a nos olhos, perguntando:

— Por acaso não gosta das coisas violentas, Irma? Não gosta de aventura? — E, entre risadas, começou a beijá-la cinicamente com muito ódio acumulado, enquanto nela, por sua vez, acordava um temor que se acumularia com o tempo.

Ao longo das semanas seguintes, Julião, fazendo uso de sua inteligência, juntou em seu escritório toda informação que podia sobre a relação de Irma com o amante André. Aquele sentimento negativo só aumentava a cada nova mentira; eram tantos segredos, os quais destruíram suas filhas e sua relação amorosa.

— Maldito, mataria você duas vezes, seu maníaco assassino e imbecil! Maldita traidora, dentro de pouco tempo vou te enviar ao ocaso do delírio, onde não haverá mais luz para seu ser sujo! — Julião chorou tentando aliviar a dor, mas a falta que fazia o abraço de suas filhas era maior, e doía mais ainda saber que todo esse calor familiar tinha evaporado em razão dos descuidos da esposa.

* * *

A noite caiu rapidamente e ele não mais foi dormir com a esposa. Permaneceu sentado em uma poltrona observando-a dormir prazerosamente. Foi se mexendo e fechando os olhos, enquanto imaginava passo a passo seu plano de dar a ela uma morte lenta. Acabou dormindo e em sua mente latejava a ideia de que tudo teria sentido, e que aquela lei que ele defendia com tanto ímpeto em nada o impediria, porque ele faria justiça com as próprias mãos — seu senso do castigo. Aquela forma irracional com a qual passou a ver a vida cegou qualquer impulso racional, nesse momento tudo encaixava na mente do advogado e nada era contra das leis do Criador. "Afinal, o grande Criador não esteve quando minhas filhas foram violadas", pensava.

Foi ao banheiro e observou-se no espelho. Ficou surpreso em como estava fisicamente desleixado. Fez a barba vagarosamente, saboreou o banho e colocou um bom perfume. Com seu típico terno, chapéu panamá e sapatos de xaréu, deu início a outra jornada.

Desceu as escadas e viu sua mulher aguardando-o para o café da manhã, mas ignorou-a. Tomou um pouco de chá, pegou sua maleta e saiu de casa. Desejou ir ao trabalho caminhando, ainda que fosse um pouco longe. Durante o trajeto, cumprimentou algumas pessoas, enquanto pensava: "Se soubessem a verdade, me ajudariam a matar aquela matreira suja que mora em minha casa". Passou o dia bem pensativo, observou tudo a seu redor, todos os detalhes, e ficou tirando várias conclusões incoerentes a respeito da Criação. Ele deduzia que a ordem das pessoas desordenava a criação, já que um maníaco sente prazer com seus atos e isso leva a uma ordem emocional na cabeça dele; por sua vez esse mesmo homem traumatiza ou mata as vítimas e altera a ordem que elas tinham antes do acontecido.

"Quantos buracos tem Sua ordem, Criador; quanta desordem caminha pelo mundo em forma de gente, como se você quisesse tampar esses buracos e fazer de Sua criação um harém de respeito e revolução. Porém, de nada adianta refletir sobre isso, já que você enviou Sua ordem negativa para minha vida, desordenando-me para sempre", pensava Julião.

Enfim chegou ao escritório, cumprimentou a secretária Estela e as outras pessoas que se encontravam ali. Foi direto à sua cadeira e chamou-a.

– Sim, senhor – respondeu ela, com olhar de desejo.

– Prepare-me um café bem quente e amargo para me animar. Preciso de forças para o caso de hoje.

– Como queira, sr. Julião – falou docemente, aproveitando a deixa para se aproximar dele. Foi até uma estante onde havia uma coleção de livros e facas do advogado e a bandeja com café. Propositalmente deixou cair um pouco de açúcar, com a intenção de chamar a atenção de seu chefe, a quem desejava e se insinuava há muito tempo. Levou a bebida à mesa e ofereceu uma pequena massagem, já pousando as mãos sobre os ombros de Julião.

– Vejo que está muito cansado e estressado, chefe. Acho que minhas mãos irão ajudá-lo a relaxar um pouco – ela sussurrou.

Mas nosso amigo, encerrado em seus pensamentos, refletiu: "De que adianta a pureza que dei à minha mulher, se ela se deitou com o homem que violentou minhas filhas? Valeria a pena me sujar também, mas daria motivos para ela virar o jogo e tomar minha ação em sua própria defesa. Não, não vale a pena". Então, Julião pediu sutilmente que a secretária soltasse os ombros dele e que voltasse ao trabalho. Nitidamente contrariada pela situação, Estela retirou-se sem dizer uma só palavra.

"Lixos atraem lixos, mas lixos estudados atraem vinganças detalhadas. A morte dela não será algo comum, que dará oportunidade de se esquecer, mas, sim, um examinado cultivo da dor e imagens que ficarão tatuadas em sua alma, justificando minha ira", ele pensava. Gargalhadas eram ouvidas de dentro do escritório, e os funcionários e quem mais estivesse do lado de fora poucas vezes tinham presenciado uma postura assim do chefe.

Julião acomodou tudo dentro da maleta, respirou fundo, sorriu com ousadia e seguiu confiante à defesa de mais um caso. Saindo lentamente, observou todos e, com uma fala sem muito nexo, tentou impor seu conceito de lei desequilibrada:

– Aquele que busca a ordem material, primeiro deve desordenar o que tem à sua frente, já que estará colocando ordem sobre alicerces alheios ao seu jeito de pensar, e eventualmente o outro poderá ser prejudicado. Àquele que busca a ordem espiritual, pois, desejo-lhe uma feliz ordem nessa eterna desordem que o Criador oferece para que aprendamos por meio da dor ordenada... – E o silêncio acompanhou Julião à saída.

Capítulo II

O Julgamento

A chegada de Julião ao tribunal, como de costume, chamava a atenção e o respeito de cada um dos presentes no salão. Todos conheciam a perspicácia de suas defesas e o modo como conduzia o raciocínio perante as provas. Cumprimentou todos, como manda o protocolo, sentou-se e abriu sua maleta, de onde tirou seu misterioso caderno, no qual tomava nota de qualquer desordem ou incoerência que via, ouvia ou intuía durante os julgamentos.

– De pé! – o juiz ordenou a todos, dando início à sessão.

Nesse dia, nosso amigo Julião estava defendendo os direitos de uma mãe que havia sido maltratada pelo filho e enganada pelo marido. Segundo os rumores, pai e filho confabulavam para acabar com a mãe, que possuía uma riqueza inestimável vinda por parte de sua família. O advogado observou os réus e, com um gesto de desaprovação, iniciou sua defesa.

– Objeção, Excelência! A violência não tem defesa, e o engano não tem desculpa se praticado conscientemente; a ambição não tem olhos, e esses homens estão tão cegos quanto ao dinheiro sujo. O homem trabalhador que acompanha a mulher suspeita faz nascer um filho vingativo. Espinho, caule e rosa, assim é essa família que hoje tentamos compreender. O pai é como um caule em cuja raiz estão as experiências negativas da vida, e por onde sai o alimento do desamor e da vingança que corre até a rosa murcha que hoje é sua esposa. Ela, machucada por sua falta de determinação e papel de matrona com o qual se permitiu educar o filho e o marido. Finalmente o filho, tal como o espinho inspirado na cor dessa rosa murcha e fortalecido pelo alimento do caule amargo. Senhores, é unânime observar que o maior beneficiado disso tudo é o filho, já que sem uma mãe há libertinagem e com um pai ignorante a violência se fortalece. Não tardará para ele ser um tormento ao seu genitor, em virtude de ter sido criado em um meio regado a tanta amargura, levando-o assim ao êxito enganoso de sua juventude com uma inesquecível lembrança de tristeza e solidão. Pessoas como essas na sociedade somente formam imagem de um jardim hostil, por onde ninguém gostará de caminhar, porque a beleza esconde-se na escuridão da ambição, da ignorância e da vingança sobre os roseirais ignorantes. Senhor juiz, solicito finalmente que minha cliente permaneça com aquilo que lhe é de direito, e que esses mequetrefes juntem moedas de ouro negro nas fossas da reeducação que sobram nas prisões. Devemos promover a igualdade entre as pessoas, não dar lugar a opostos que somente fazem fortalecer a desigualdade. Motivos não faltam e fatos sobram, sejamos racionais e acabemos com essa defesa.

O silêncio impregnou-se entre as pessoas. Depois de alguns instantes, entre murmúrios e objeções incoerentes dos réus, o júri determinou o veredito a favor do advogado e de sua cliente. "Outra vitória a mais da justiça", pensava ele, "mas de que adianta, se a injustiça foi germinada em minha vida irracional?".

– Maldita mulher! – o advogado falou em voz alta, chamando a atenção de um de seus amigos que se encontrava no tribunal.

– Algum problema, Julião? – indagou preocupado Sebastião, um dos policiais presentes no recinto.

– Não, tudo está bem, meu amigo. Somente lembranças de casos em que a lei não esteve presente e duvido de seu poder implacável.

– Mas não importa, o importante é comemorar mais esta vitória – aquele policial falou sorridente e se despediu.

* * *

Um grupo grande de pessoas aguardava Julião em frente ao tribunal. Perguntas iam e vinham, mas os ouvidos do advogado estavam fechados, assim como sua fé. Nada soava útil para ele. Respostas eram desnecessárias, quando a grande interrogação de sua vida era a morte de seus tesouros, que como o vento foram a outros cantos aonde a força de Julião não chegava, onde as lágrimas não preenchiam o espaço vazio que ficou desde que esse mar de felicidade foi seco por um homem cruel, que fazia parte da lista vingativa de nosso amigo.

Já era tarde, e logo a loja onde Julião encontraria os artigos necessários para a tortura se fecharia. Acelerou o passo e em poucos minutos chegou ao lugar. Com voz prepotente pediu uma corda, gaze, ácido nítrico, uma barra de ferro e álcool retificado. Com o rosto de curiosidade, o vendedor lhe entregou o pedido; ele pagou, deixou o troco e saiu sem dar detalhes.

Foi caminhando devagar enquanto ajustava os detalhes do homicídio que cometeria. Já perto de casa, voltou a atenção para um bar que havia ali perto. Entrou e se dirigiu ao fundo do lugar; pediu vinho. Saboreou a bebida e, talvez por falta de costume, achou aquele o pior vinho que já provara. Sorriu e pouco se importou, virou tudo em um único gole. A doçura se amargara por completo com a gigantesca traição da esposa.

– Acabarei com esse sentimento – falava, bebendo cada vez mais.

Naquele lugar se encontravam seus futuros inimigos e companheiros de lamentação, que por atração se aproximaram da mesa dele. Esses desencarnados trajavam vestes nojentas, portavam correntes, facas, armas de fogo e muito ódio. Um deles chegou mais por perto de Julião e, aproveitando seu estado etílico, navegou por seus pensamentos e ouviu a descabida ideia.

– Olhe só! Temos um candidato para nosso grupo! – falou o obsessor aos demais.

– Sim, chefe, mas com essa aparência não é conveniente tê-lo como companhia nas trevas; a luz pode perceber e bloquear nossos trabalhos.

– Não se preocupe, vamos prepará-lo a partir de agora para que essa luz que ele carrega não nos prejudique.

– Sim! Façamos isso! – exclamou o restante do grupo.

Os seres trevosos então começaram a despejar toda a raiva que carregavam sobre Julião e ele começou a se sentir ainda mais mareado. Recordava tudo que tinha ouvido e observado em suas investigações e pensava nos comportamentos estranhos da esposa. Vinha à mente o sexo descontrolado que sua companheira outrora compartilhara com o falso amigo. Viu a morte desse homem e desfrutava cada vez que voltavam as imagens das pancadas que desferiu. Finalmente explodiu de remorso quando enxergou como suas filhas foram violentadas e como esse ser vil havia desfrutado de tudo isso.

Julião levantou-se com violência e foi em direção à saída, empurrando o que havia pelo caminho. Sentia um ódio muito grande que o encorajava a praticar de vez o homicídio planejado. Ao chegar à porta do boteco, empurrou um homem corpulento e de aparência violenta. Este revidou e arrancou o chapéu da cabeça de Julião, atirando-o longe. O advogado investiu contra ele, mas recebeu uma pancada forte que atingiu sua boca e os olhos. Julião caiu ao chão violentamente, e o mundo parecia girar. Mesmo assim, não faltou energia para dar uma gargalhada diante de todos que assistiam à cena. Fitou o grupo que ali se encontrava e avistou ao fundo a figura de um homem com capuz e uma túnica preta; isso só fez aumentarem as deduções incoerentes sobre o que vivia.

– Maldito vinho! – Julião resmungou.

O advogado tentou se levantar fazendo algumas cadeiras de apoio, mas outro bêbado, bastante violento, segurou-o à força e disparou:

– Foi você quem mandou a mim e outros companheiros para a cadeia, seu maldito! Sim! E você fez isso somente por termos encostado em uma menina tão suja como a mãe dela. Que tanto você se importava com elas, se as duas trabalhavam na rua fazendo muitos homens felizes? Hahaha!

Uma ira imensa acendeu em Julião, que tomou força para pular naqueles homens a ponto de derrubar vários deles. Sobre uma das mesas havia um prato de comida, garfo e faca. Pegou a faca e lançou-se sobre um deles, cravando o talher no pescoço do sujeito sem pestanejar. O homem não teve nem meio minuto a mais de vida e ficou estirado no chão, banhado por uma poça de sangue. Morreu pelas mãos de um Julião, que estava cada vez mais desequilibrado. "Idiota", pensou o advogado, "jamais deveria ofender uma menina assim, se você soubesse a dor que guardo por ter visto minhas filhas morrerem nas mãos de um asqueroso como você...". Cuspiu no corpo do morto e tentou se recompor, mas recebeu um golpe forte na cabeça com uma garrafa de vidro e também ficou inconsciente no chão.

Com o desmaio, ele teve visões de vários espectros escuros que juntavam facas e provocavam um estrondo ensurdecedor. Viu seres cadavéricos encapuzados que o olhavam. Avistou a si mesmo caindo em uma espiral vermelha e preta, e o desespero foi tanto que ele acordou sentindo uma dor imensa de cabeça. Abriu os olhos e encontrou sua mulher, mas essa confusão de sentimentos o fez perder de novo a lucidez e cair em um sono ainda mais profundo.

Horas depois abriu os olhos. Acordou de madrugada e viu como Irma dormia profundamente. Sentou-se na cama e pensou sobre o acontecido naquele bar. Arrependido pela ação, tentou achar forças para se levantar e fugir, mas aquela dor da cabeça não o deixava se mover.

"Tenho certeza de que não vou escapar dos ditames da Lei Maior, mas na balança da injustiça a vida de minhas filhas vale muito mais que a de homens sujos e cruéis como esses que matei por conta própria. O que é justo para você, Deus? Que eu chore sem vingança ou que sorria com minha vontade transformada em justiça contra esses caras? Prefiro organizar de meu jeito a desordem que Seus supostos filhos realizaram, antes que eles queiram pôr em ordem, com desordem deles, meu destino. Já o fizeram uma vez e até hoje não consigo reorganizar essa parte de minha vida. Não compreendo você nem vou tentar entender por que deixou que isso acontecesse comigo. Você sabe que eu não o decepcionei com nenhuma injustiça maldita, a não ser estar ausente de minha casa. Maldita seja minha profissão, que tomo como uma vocação; maldita seja a confiança que depositei em poucas pessoas; maldita seja minha ira que me destrói o espírito dilacerado pela pouca luz que ainda tenho nesta vida; maldita seja minha tristeza que não se remedia com orações ou a justiça que consigo com essa estúpida profissão que você me deu."

Lágrimas corriam pelo rosto de Julião. Não existia consolo para tanta dor que acumulou em tão pouco tempo. Pensava às vezes que tirar a própria a vida seria a melhor opção. Ira, desconsolo, desamor, impotência, tudo carregado em seus olhos e na forma de pensar. Ficou um longo tempo refletindo sobre o que seria melhor, enquanto Irma continuava dormindo.

* * *

Julião acordou pela manhã, sem noção do tempo. Pediu à esposa o jornal. Ela, com pouca vontade, entregou o noticiário a ele e com um suspiro longo leu a manchete: "Famoso advogado transforma-se em assassino".

– Agora todo o país sabe de minha sujeira. Que ofensa para aqueles que confiaram em mim, que ofensa como pai para minhas filhas que morreram pela injustiça. Não tenho perdão, Irma – Julião falava enquanto soluçava.

A mulher, com resignação, o abraçou e disse:

– Não se preocupe, amor, de algum jeito você vai sair dessa.

– Espero que a justiça divina tome conta de mim e me dê o que mereço. Não ficarei impune a isso tudo.

Falava em voz alta, chorando e olhando para Irma, enquanto pensava: "Tudo isso é culpa sua, traidora. Se não tivesse me enganado com esse imbecil, tenho certeza de que teríamos sido uma família feliz".

– O que acontece, meu amor? – perguntou intrigada.

– Nada, amor, só quero descansar um pouco mais – falou tranquilo enquanto se virava para dormir.

Julião não queria mais comer nem beber, ele estava entrando em depressão profunda. Cada vez que as autoridades chegavam para conversar com ele, encontravam-no dormindo.

Capítulo III

A Fuga

Os dias foram passando e Julião acabou sendo internado em um hospital. Continuava sem se alimentar direito e estava cada vez mais debilitado e mentalmente perturbado. Pesadelos perturbavam seu sono e o faziam acordar esgotado e agitado. Tinha sonhos horríveis com suas filhas sendo violentadas por homens disformes. Essas imagens aumentavam em intensidade e transformavam o interior de Julião em ira e ódio, dele mesmo e dos demais.

No meio da madrugada acordou muito pensativo, lembrando-se do último sonho no qual foi conduzido através de um caminho de flores e pedras preciosas por uma mulher muito bela. Ao fim desse caminho estavam suas filhas de braços abertos, gritando:

– Papai!

Ao vê-las, Julião correu até elas, mas nunca conseguia chegar. Lentamente começou a escurecer, e ele não mais as enxergava. Desespero e tristeza o invadiram e Julião percebeu que era observado por uma multidão de seres com facas, cujas lâminas batiam umas nas outras. Um homem alto com os olhos avermelhados sobressaiu em meio ao bando e, sorrindo maquiavelicamente, dirigiu-se ao advogado:

– Estamos te aguardando, advogado.

O ser estranho sorriu e empurrou Julião, o que o fez voltar à consciência com grandes incógnitas.

Depois de tentar compreender o que aquele sonho significava, tomou a decisão de se escapar do hospital e das penas que o afligiam.

– Tenho de fugir. Sei que só vou aumentar meus erros, mas preciso sair daqui e desaparecer como advogado e como pessoa. Juro que se voltar para essa região será apenas para matar essa traidora que iniciou todo o caos em minha vida.

    Pegou sua mala que estava sobre uma mesa no quarto e saiu quase nu pelos corredores. Verificou se não havia ninguém por perto e começou a correr, com certa dificuldade para mover as pernas, já que estava sem se movimentar havia vários dias. Sua cabeça explodia de dor.

    Saiu pela rua, esquivando-se até a casa onde morava, à procura do cavalo da família, calculando que sua esposa o teria usado nos últimos dias. Ao avistar o animal, tratou de prepará-lo para bater em retirada. Como ainda não havia amanhecido, aproveitou a escuridão para pegar alguns pertences em casa. Entrou pelos fundos, bebeu um pouco de água na cozinha, subiu até o quarto. Quando entrou, caiu ao chão abruptamente e lá ficou. De repente, ouviu uma gargalhada tenebrosa. Julião conseguiu se reequilibrar e tomar consciência de seu corpo. Com medo, foi catando roupas, dinheiro que tinha escondido, e dirigiu-se até o quarto das filhas. Uma explosão de lágrimas invadia seu peito. Pegou uma boneca com a qual as filhas sempre brincavam quando estavam com ele.

    Julião desceu até a sala e, por vários minutos, ficou observando um quadro onde estava pintada toda a família. Rasgou a tela, deixando somente a parte onde estavam suas filhas e ele. Realmente havia muita ira acumulada, tanta que só de pensar em Irma ele perdia o controle dos nervos.

    Finalmente montou no cavalo e cavalgou sem destino. Passaram-se tantos quilômetros que Julião perdeu as contas. Entrava e saía de povoados o tempo todo. Dormia em lugares desabitados ou na escuridão da noite, ao lado do cavalo.

    Em uma noite de descontrole e bebedeira, decidiu mudar a aparência. Pegou uma tesoura que tinha adquirido em uma loja e começou a cortar o cabelo sem qualquer simetria. Também resolveu deixar a barba crescer e aquele bigode que o distinguia entre tantos rostos desapareceu.

* * *

    Foram três meses perambulando por lugares desconhecidos; o dinheiro que havia levado acabou. Agora pobre desertor e com aparência de um vagabundo, a tristeza ia se transformando em sua forma de viver.

Nesses dias de total ociosidade, chegou a um povoado denominado Palo Alto (onde fica hoje a cidade de Esmeraldas). Um lugar repleto de vegetação, lagos e jardins naturais, plantações de café e bananais. Os habitantes viviam de forma muito humilde e em aparente tranquilidade. Casas simples, sem pomposidade, ruas de terra batida, um frio aconchegante e uma constante nebulosidade. "Esse lugar será ideal para desaparecer", pensava Julião, mas ele não tinha ideia da mudança radical que teria seu destino.

Julião levou seu cavalo até o fim do povoado, perto de um bosque que dava para uma mata grande e misteriosa. Não querendo voltar a ver o animal, livrou-o de suas malas e caminhou de volta ao povoado. Aproximou-se de uma das casas, que aparentemente estava entre as mais antigas, e observou os detalhes: porta de madeira com um pedaço de ferro pendurado com fitas vermelhas; vasos continham pequenos cactos e flores amarelas; dois bambus cruzados no quintal formavam a letra"X"; um cheiro muito agradável saía daquele lugar.

Depois de observar a construção por um bom tempo, tomou confiança e caminhou até a porta. Deu três batidas e aguardou alguma resposta. Então, ouviu alguém vindo em direção à entrada, a passos pesados e lentos como se estivesse arrastrando os pés.

– Tô chegando! – avisou um homem com a voz muito anciã.

Ao abrir a porta, o senhor recebeu Julião com um sorriso muito sincero e compassivo. Foi tamanha a alegria transmitida ao advogado, que nosso amigo deu vazão a um pranto sentido, em desabafo, diante daquele senhor.

– Não chore, homem! Meu ombro não poderá te carregar, mas meu espírito quer aliviar essa angústia e tristeza que você traz dentro de si.

– Não acho que vai querer se souber de toda a maldade que cometi e de quem eu era antes de ter fugido. Acredito que não me daria um espaço em sua casa nem em seu olhar.

O silêncio reinou por uns instantes e os dois apenas sentiam uma brisa que trazia o hálito da mata, o cheiro das flores, das ervas e da terra fresca.

– Vamos! Entre e vá se limpar, meu filho. Não é que eu desrespeite sua aparência, mas só poderei te conhecer melhor se seu rosto estiver limpo e você me mostrar seu sorriso – falava o velho homem enquanto tocava as costas de Julião.

– Mas sou bem-vindo depois disso que eu disse? Por acaso não pareço perigoso para você? – surpreendeu-se o advogado.

– Perigoso é aquele que não mostra as lágrimas quando o coração pede um respiro de luz, meu filho – retribuiu o ancião.

Admirado com as palavras desse sábio homem, Julião adentrou lentamente o lugar. Sem demora tomou banho, fez a barba e já se sentia muito mais aliviado. Caminhou até o que seria a sala da casa e sentou-se em uma pequena cadeira de madeira escura com detalhes de cruzes. Julião já havia se dado conta de que se encontrava na casa de um místico. Voltou sua atenção ao modo de andar do ancião, que o observava atentamente.

Tratava-se de um preto-velho e tinha as costas bem encurvadas, segurava uma bengala com pedras, um colar de sementes ao pescoço; o sorriso tranquilo e indelével no rosto. Trazia com ele um copo com água e ervas. Pegou sua cadeira e dirigiu seu olhar sereno, porém firme, ao advogado e disse:

– Que medos trazem você aqui, meu filho?

– Medo de um passado que não soube conquistar, porque roubaram uma parte muito importante de meu ser, e a isso não posso enfrentar – Julião lamentou-se.

– Se roubaram essa grande e importante porção de ti, haveria um bom motivo para desonrar sua outra parte? Quão valoroso você se sentiria ao se matar para renunciar ao aprendizado?

– Mas não vale a pena buscar o aprendizado quando te tiram a vontade de conhecer o mistério que nosso Criador possui. Para que buscar a maturidade, se por causa da imaturidade fui traído e vencido?

– As ações alheias não devem determinar sua forma de caminhar, meu filho. Sempre utilize uma situação amarga para analisar os caminhos que seu coração inventa para que você se liberte. Quando vir isso, saberá tomar decisões de um verdadeiro homem.

– Já fui um homem de verdade e respeitado, mas agora carrego pena, ignorância, inutilidade e pouca dignidade. Já fui um homem da lei, que impunha a justiça divina em meus atos e palavras. Até que um dia a Lei pela qual eu zelava foi a mesma que me sentenciou. Por isso te digo, velho homem, você não me conhece realmente.

O preto-velho observou-o atentamente, até que quebrou a seriedade e preocupação de Julião com um sorriso. Levantou-se e caminhou até uma pequena cômoda de madeira, abriu uma das portas e pegou um cachimbo com um pacote pequeno feito de pano, carregado de ervas. Voltou a seu lugar, acendeu uma vela branca e seu cachimbo. Pitou devagar, profundamente, e fixou o olhar em um ponto da parede. O advogado não compreendia o que ele estava fazendo e começou a se incomodar pela pouca importância que o velho parecia lhe dar. Julião ficou com raiva e levantou-se, andando de lá para cá com a respiração totalmente alterada. Não aguentando a situação, dirigiu-se ao homem com uma voz forte e irada:

– Você não tem noção do incômodo que eu sinto quando sou ignorado, você não me conhece, não sabe o que fiz nem quem sou! E achei que aliviaria minhas dores se me ouvisse, mas você não tem ideia da verdade que levo dentro de mim. Velho e solitário, sim, você é somente isso! Que entenderia da vida que se leva na cidade se você vive como prisioneiro em uma cabana de coisas estranhas? Está distante do povo deste pequeno povoado, e por isso eu acho que te conhecem como um louco. Sim, é isso que você é! Somente um homem louco e solitário é sereno assim. Você não tem contato com a realidade, com o mundo que te viu nascer e que te mataria se vivesse em meio aos problemas que vivi e dos quais fugi. Não é que eu busque a paz como a que você tem, mas, sim, quero uma nova vida de responsabilidades que me ajudem a esquecer dessa vida tão insana que vivi nestes últimos tempos.

Julião acabou suas deduções com a respiração acelerada e o olhar tomado de dor. Abaixou a cabeça e começou a chorar descontroladamente, caindo ao chão de joelhos e levando as mãos ao rosto; demostrava a vergonha por si mesmo, por estar tão diferente do que outrora havia sido.

O preto-velho acendeu outra vez o cachimbo e caminhou devagar até o advogado, que estava nitidamente carente de equilíbrio e amor. Parou diante de Julião e tragou profundamente seu cachimbo. Enquanto soltava a fumaça, observava o advogado. Uma névoa perfumada com aroma de sálvia, alfazema e folhas de café preenchia o ambiente e envolvia por completo o corpo dos dois. Lágrimas correram sobre o rosto daquele velho sábio. Ele colocou sua mão sobre a cabeça de Julião e, depois de um longo suspiro, disse:

– Existem dores que levam tempo para sarar, fugir delas é alongar mais o dia do alívio, meu filho. Há situações que aceleram o coração e densificam ainda mais as lágrimas que percorrem o rosto órfão de sorrisos. Existem ações que cometemos em momentos em que o coração está cego e a mente, ignorante; essas decisões são o que nos provocam a fincar raízes bem profundas na terra da dor. Este preto sente tanta tristeza ao ver suas lágrimas escuras caindo nesse chão que tem vontade de te abraçar, como se fosse o próprio chão que recebeu sabor daquelas gotas. Ah!, filho, não bastam minhas palavras para tirar a âncora desse barco abandonado desde o dia em que perdeu os grandes pedaços de seu coração. Sei e reconheço o sentimento da perda, você nem precisa explicar onde começou todo o problema de sua transformação como pessoa. Sim! Sinto como sua respiração transporta palavras assassinas contra aquela mulher que traiu os juramentos de seu amor sobre a luz do amor de seus amores. Sou cúmplice em sua dor, mas me sinto testemunho em sua aprendizagem. Vejo suas mãos manchadas de sangue mesmo estando limpas na matéria, porque meus olhos foram abençoados pela luz do Criador, que me deu a força suficiente para ser pai de muitos e avô de outros. Você cometeu erros que não te devolveram o que você perdeu naquela noite; erros que não se apagam e, levando na balança da vida, pesam muito mais que aquilo que já perdeu, porque você assumiu a morte de suas filhas desde o dia em que matou aquele homem que as assassinou. Difícil compreender, filho? Quem é você, o culpado de crimes que não tem cometido? Mas vou te resumir em uma frase o que estou tentando falar: "Quando não corresponde a você cumprir os ditames de Deus, mas o faz, assume o peso de um fardo que não é seu, e no dia do juízo você terá de aceita-lo para ser livre de novo". É assim, meu filho, você já levou mais da vida do que achou, e já carregou mais peso do que deveria. Este preto não pode fazer muito mais a não ser somente te dar águas de discernimento para que a partir de agora não tenha que carregar erros alheios aos seus. Seque suas lágrimas com minhas palavras, pois o destino te trouxe até minha casa simples para que neste pequeno lugar você possa se redimir e assumir as culpas que te correspondem como ser humano. Meu peito explode de dor, meu filho. Como eu preferiria poder carregar seu peso e te deixar respirar um pouco mais, mas tenho meu destino, e meu amado Criador não me ensinou a carregar por inteiro o que é alheio. Daria tudo o que tenho para que você compreendesse o que te falei, mas agora só me resta aguardar que seu coração absorva tudo o que em sua mente já está plantado...

De novo o silêncio invadiu o lugar e outra baforada lançou o preto-velho, mas agora sobre a mão direita de Julião, que no mesmo instante caiu sobre seu joelho. O advogado, petrificado pelas palavras daquele homem, e com respeito e surpresa no olhar, juntou forças e se levantou. Com muita vergonha, extraiu algumas palavras de seu coração confuso:

– Obrigado pelas palavras, homem sábio. Desculpe-me por ter trazido tanto lamento ao seu lar, mas sou culpado de muitas coisas e destruí aquele homem que fui um dia. Dê-me um lugar para descansar, pois gostaria de ficar um pouco mais para alfabetizar minhas emoções com seu sábio ensinamento.

O negro sorriu e acompanhou Julião até uma cama já preparada para que descansasse. Sorrindo, perguntou:

– Temos falado tanto, e ainda não sei seu nome, querido mestre...
– João, filho... Meu nome é João.
– Muito obrigado, João, boa-noite...

* * *

Passaram-se três semanas e a vida de Julião seguia em uma encruzilhada, mas com a diferença de que aquelas ruas do povoado já representavam um destino, embora seu livre-arbítrio o tivesse machucado com tanto mal-estar e desequilíbrio que trazia consigo. Convivendo dia a dia com o preto-velho sábio, foi entendendo que enfrentar a realidade, com o tempo, o ajudaria a diminuir o peso das reações que mais cedo ou mais tarde chegariam por causa de tanta morte e tanto desejo de vingança.

No fim de uma manhã, o velho João estava nos fundos da casa, onde flores e um grande bosque cresciam. Ele pegou um pequeno toco de madeira, oco e com musgos, e chamou Julião, que se encontrava na cozinha preparando o almoço:

– Julião, cadê você?
– Aqui, mestre. O que foi?
– Vê esse toco de madeira, filho?
– Sim.
– Que vê?
– Uma madeira velha que não serve para nada, a não ser para jogar fora.

O silêncio do negro deu fim à conversa, e ele viu que aquele ensinamento seria inútil. Guardou o toco em um canto e foram almoçar.

* * *

A noite caiu e o preto-velho convidou Julião a dormir no jardim dos fundos, para que pudessem observar o céu estrelado que naquele cantinho do Equador era tão lindo. Começaram a juntar madeira para fazer uma fogueira. Acenderem-na e começaram a desfrutar daquele fogo.

Em dado momento, enquanto ambos falavam de suas vidas, João mostrou de novo a Julião aquele toco que o advogado havia desdenhado.

– Me diga novamente, meu filho, o que está vendo?
– Continuo vendo uma madeira velha que não serve para muita coisa, mestre.
– Observe o fogo e me escute, filho.

João pôs fogo no toco, e este começou a se queimar, provocando uns estrondos e uma fumaça diferente das demais madeiras. E então fez uma reflexão:

– A forma que o tempo deu a esse vegetal não determina o valor real que ele tem para o Universo. Sua aparência é para que permaneça no esquecimento. Passou por muitas coisas para chegar até este jardim; um dia foi parte de uma grande árvore, e hoje é a lembrança de uma coluna da natureza que terá caído por algum motivo. Finalmente chegou seu dia de se unir a este belo elemento denominado Fogo. Essa madeira é você, filho. Uma vez você fez parte de uma grande árvore da ordem, da Lei. Com o tempo, suas ações fizeram-no cair como uma árvore cortada; foi convertido em fragmentos por causa de suas próprias decisões diante de fatos que precisavam de firmeza, segurança, silêncio, assim como uma árvore em uma mata fechada. Mas tomou o caminho de declinar para a dor, e hoje está aqui como um pedaço de madeira velha, com muitas experiências adquiridas, mas com o musgo da ignorância cobrindo a maior parte do conhecimento que você tem, com sua assimétrica sabedoria, órfão de seu próprio ser que caiu como uma árvore no dia em que sacrificou a própria aparência, personalidade e pessoa. Meus olhos jamais ignoraram o valor que você possui. Por trás de toda essa forma que carrega, você leva uma chama que alimenta a fogueira contra as injustiças e desordens que homens como você cometem. O arrependimento já aconteceu, mas agora é hora de assumir o que você é e tocar em frente essa transformação que seu espírito precisa para ser novamente algo valioso ao mundo espiritual. Que o fogo da justiça consuma seus erros e que, além da dor da aprendizagem, você possa reencontrar a sabedoria no bosque da evolução que algum dia te acolheu como pilar para muitos.

Lágrimas de desabafo rolaram pelo rosto entristecido de Julião; seu peito apertado contra os espinhos de seus erros sangrava de arrependimento e culpa por tanto mal que tinha cometido, por não compreender os ditames da Lei Maior e a justiça divina.

– Ah! Que dor, meu querido mestre. Deus me trouxe até aqui para encontrar um espelho de minha pessoa em suas palavras, tão frescas para este inferno que levo dentro de mim. Inferno que se alimentou com o silêncio, os nervos, a vingança, a ira, o desejo de satisfazer esse lado maldoso que levo e contra o qual sempre lutei para tirar desse coração tão ferido. Não posso fechar os olhos porque eles ardem com as imagens que minha mente traz com veemência. Minhas filhas mortas, minha mulher violentada, aqueles homens que matei, aqueles sentimentos de ódio que carreguei. Não mais me esquivarei do que vem por aí. É hora de assumir minha realidade e me purificar no fogo da justiça. Que ironia do destino, antes eu levava muitos à fogueira da aprendizagem, mas hoje me toca vivenciá-la na própria carne.

– Filho, sinto pena de você e me alimento com sua aprendizagem – o preto-velho disse emocionado.

Os dois choraram muito, diante daquela fogueira e com aquele aprendizado que João transmitiu com bastante firmeza, mas muita mansidão.

* * *

No dia seguinte, Julião tinha outro ar. Ele estava voltando a sentir força nas próprias decisões, e por mais de que dessa vez soubesse que iria aprender pela dor, arrumou sua pequena mala para voltar à sua cidade. O advogado se despediu do ancião:

– Meu querido Mestre João, é hora de partir.

– Me encho de saudades ao vê-lo partir, Julião, mas agradeço ao nosso Divino Criador por ter trazido você até aqui. Sinto-me útil ao ver seu brilho novamente. Não desperdice o tempo que investi em você, ensine aos demais o que é recomeçar.

– Eu sou o agradecido, meu amigo. Não me sinto arrependido de ter fugido aquela vez, já que graças a isso pude voltar a me reconhecer e o que fiz. Ficarei com saudades de seus conselhos e esse apoio que me deu como se eu fosse seu neto – Julião deu uma risada.

– Seu livro ainda não chegou ao fim nem muito menos tem um ponto de controvérsia, filho. Somente quero que se lembre de que não te ensinei tudo porque o passo final que tem de dar, para voltar a amar a própria vida, você deverá buscá-lo no que vai viver lá, dentro de pouco tempo.

– Mas, Mestre João, a que se refere? Não quero me preocupar de novo.

– Não se preocupe, filho. Somente deve pensar em trazer preocupação à sua vida quando conhecer a solução daquilo que te incomoda.

– E você continua ensinando até o final, meu querido amigo. O que ainda devo aprender? Diga-me, por favor.

– Não exponha suas ambições, Julião. Guarde-as para buscar a resposta que está dentro de você. Lembre-se: "Não assuma como conhecimento natural o que desconhece, pode ser que vá parar de novo em caminhos que não serão fáceis de atravessar".

– Está bem, mestre, não esquecerei.

E como avô e neto, ou como grandes amigos, deram um forte abraço, acompanhado de um choro repleto de amor, sabendo que o tempo iria uni-los novamente.

Capítulo IV

Penitência Antes do Juízo

Julião partiu com o coração cheio de coragem para assumir todos os ditames da lei, que aguardava junto à justiça para cumprir seu veredito. Vestido como de costume, mas com certo desalinho, ali estava o advogado pronto para enfrentar o destino sentenciado. Sair daquele casebre para ele foi por momentos triste e preocupante, porque voltaria a uma realidade iludida pela covardia e imaturidade. Várias pessoas que passavam por ele observavam-no com medo e desprezo. Julião não entendia o porquê dessa reação, mas já assumia que o rumor de ser um assassino fugitivo teria chegado àquele lugar. Abaixou a cabeça e, acelerando os passos, foi até a delegacia. Em poucos minutos chegaria o momento de seu retorno à sua cidade, Quito.

– Bom dia, senhor oficial.

– Bom dia, senhor. Em que posso ajudá-lo?

– Venho para facilitar a justiça que reina em Quito. Quero me entregar.

O oficial, surpreso e sem entender a situação, olhou-o dos pés à cabeça e, em razão da aparência física de Julião, tirou suas conclusões:

– Desculpe, homem, mas essa é uma piada desagradável. Você não aparenta ser um delinquente.

– Não se limite à minha aparência, delegado, somente comunique-se com Quito e diga que Julião Maodei Serrano deseja se entregar.

– Se é como o senhor fala, devo prendê-lo, sr. Julião. Deseja isso realmente?

– Sim, desejo isso, mais do que fugir de uma realidade.

– Então, me acompanhe. Ficará ali por dois dias, porque a distância entre Quito e Esmeralda é grande.

– Como o senhor quiser, somente cumpra com o que deve fazer como zelador da justiça e assuma uma postura de acordo com seu cargo – Julião respondeu aborrecido com a falta de personalidade do delegado.

– Hahaha, não se altere, Julião! Ficaremos juntos alguns dias dentro de seu novo lugar, e com essa aparência não duvido de que será alimento para os meliantes que também aguardam suas transferências, hahaha... – o delegado riu com sarcasmo.

Julião, sem falar mais nada, foi guiado pelo oficial. Passaram por um longo túnel escuro e frio que terminava diante das celas onde estavam alguns homens com aparência desagradável e uma feição de ódio.

Uma vez dentro da cela, o delegado observou os demais e disparou:

– E então, vermes, hoje vocês terão carne fresca, hahaha. Mas cuidem bem desse pacote, que é um suposto procurado de Quito.

– Nem duvide, chefe, ao menos eu vou me entreter com essa joia de nosso lar – gritou um preso parrudo e com cheiro insuportável.

Esse homem caminhou devagar até Julião e o observou por completo. Estendeu a mão para cumprimentá-lo e ele fez o mesmo, mas o preso o segurou contra seu corpo e o intimou:

– Que acontece, minha joia, por acaso você não gosta de homens como eu? – Julião, instantaneamente, empurrou-o com força, sem pronunciar uma só palavra.

O preso, nervoso, aproximou-se com violência e empurrou Julião contra as grades. Apertando o pescoço do advogado, ameaçou-o:

– Por acaso você se acha melhor que eu, idiota? Acha que com esse empurrãozinho as coisas se solucionam? Hahaha, sempre deve ter se defendido com delicadeza, mas aqui aprenderá a ser sujo. Ou acha que neste tipo de lugar vai aprender a ser uma pessoa melhor? Imbecil, você não sabe o que é viver na prisão, e olhe que ainda não anoiteceu para que sinta o sabor do que guardo para pessoas como você, hahaha...

– Antes que você ponha isso para fora, eu o advirto de que não o utilizará nem para adorno, seu imbecil. Você tocou em um tema que aborrece todo o meu ser; eu me aborreço com homens sujos como você, assim é melhor deixarmos as coisas como estão e te asseguro que não sairemos machucados daqui.

Empurrando-o com força, Julião o afastou e o preso insano sorriu com morbidez e os olhos transbordando de um desejo desequilibrado.

– Veremos, joinha, quem será de quem, hahaha! – gritou o homem.

* * *

Quando anoiteceu, um guarda atirou pães aos presos daquela cela e todos avançaram com violência e fome sobre o alimento. Mas Julião se manteve em um canto ignorando tal situação, ao que o guarda jogou outro pão, que foi parar em sua cabeça. Irritado, o advogado atirou o pão contra o agente, e o depravado sexual aproveitou a situação para dizer ofensas e humilhações ao guarda, incitando-o à violência contra Julião. Isso foi suficiente para que a grade se abrisse e o agente desatasse a dar fortes pancadas nas costas de Julião, que urrou de dor.

– Vamos, seu imbecil almofadinha, você acha que por andar assim elegante pode me faltar com respeito? Pensa que está em um hotel para descansar? Idiotas como você somente são vermes para ficar em uma prisão morrendo de fome – gritou o guarda, enquanto os demais gargalhavam com bastante desprezo e fazendo chacota, mas com um pouco de medo daquele homem tão violento que descarregou doses de raiva no corpo de nosso amigo.

Depois de ter ficado por um tempo inconsciente, Julião acordou com a cabeça latejando. Havia um corte, o rosto estava desfigurado e o terno, manchado de sangue.

– Trate de ir se adaptando à vida que levará aqui, joinha, hahaha – falou o preso pervertido, provocando em Julião um sentimento de tristeza muito grande, que o levou a gritar de desespero enquanto pensava.

– Quanta humilhação eu vou passar, quanta amargura vou sentir atrás dessas grades para as quais mandei tantos desequilibrados, quanta violência me cercará depois de ter enviado tantos homens à prisão. Que faço, meu Deus? – Julião murmurou, juntando as migalhas de arrependimento por ter se entregado. – Por que não mudei minha aparência e tentei me refazer com uma família? Minhas filhas nunca mais estarão comigo, nunca tive o respeito de minha esposa e perdi a dignidade porque me encarreguei de aniquilar tudo aquilo que fui um dia.

Pensamentos distorcidos surgiam em sua mente atormentada, brotando de um coração curado, mas com as feridas sensíveis ainda. Um movimento brusco em sua decisão e o sangue da lembrança correria por todo o seu corpo, que é o presente que não poderá se apagar com uma decisão covarde.

Procurou o silêncio e começou a soluçar levemente, o que o aliviava por dentro e permitia parar com esses redemoinhos de remorsos que o afligiam. Mais tarde sentiu como se estivesse ouvindo a voz do Mestre João lhe dizendo:"Não é hora de abandonar o barco, meu filho; quando ainda não conhece o mar, não importa o tamanho das ondas que chegam. Atraque-se ao timão de sua atitude e enfrente qualquer tempestade que tente levá-lo à beira do fracasso". E seguindo a corrente daquela sugestão positiva, Julião respondeu:

– Está bem, amigo e mestre, você tem muita razão.

Tomando forças, o advogado se levantou, limpou o rosto com a própria roupa e deu um suspiro, que o colocou em um estado de vigília e dor.

* * *

– Olha só! Vejo que a joinha é um homem além da dor – provocou o preso truculento.

– Meu nome é Julião; por favor, respeite minha dor e eu respeitarei esse espaço que divido com você – o advogado respondeu, procurando manter a calma.

– Hahaha, sendo educado em plena prisão, joinha; perdão, Julião. Acredita que esse é o caminho para sentirem respeito por você? Realmente não tem ideia de onde está pisando. Mas, sabe, de alguma forma vejo algo positivo em você. Fale-me, o que te trouxe aqui? Bateu em sua mulher e roubou esse terno que está vestindo? Hahaha.

– Matei dois homens e fugi, agora estou aqui aguardando a chegada das autoridades de Quito. Isso é o que sou, um assassino bem vestido, mas que alguma vez já foi um bom homem – Julião respondeu secamente.

Depois de um breve silêncio, o homem, meio surpreso, respondeu:
– Agora dá para ver que você tem um passado bastante obscuro, e é um bom motivo para te olhar de forma diferente, Julião. Bem, antes de qualquer coisa, meu nome é Victor; esfaqueei dois bêbados que tentaram violentar sexualmente minha família e acho que comigo não tem volta, pois não me arrependo de ter feito isso. Faz uma semana que estou aqui e ainda não me transportaram para Tulcán, lugar de onde fugi também. E você, por que matou?

Novamente lágrimas começaram a correr sobre o rosto definhado de Julião, e olhando para o chão o advogado continuou:
– Um deles foi porque violentou minhas duas filhas até levá-las à morte. O outro era um bêbado miserável que despertou a lembrança da perda de meus amores.
– Realmente tinha motivos para fazer isso, Julião. E se sente arrependido?
– Realmente não sei, mas nunca vou recuperar minhas filhas matando pessoas, essa é a realidade. Isso serviu somente para esvaziar meu coração da ira que carrego por causa de tanto desejo de vingança que tenho desde o dia em que tudo aconteceu. Olhe-me, sou um farrapo de homem que tomou decisões que me levaram a ser o que sempre evitei manter na sociedade: homens falsos, de moral desorientada, de decisões que prejudicaram o presente ou o futuro de pessoas que nada tinham a ver com a ignorância deles.
– Mas olhe que valeu a pena despejar tanta raiva, pois lhe asseguro que você não viveria carregando espinhos desse tipo no coração, não, senhor. Eu tentei, mas somente marquei meu corpo com cicatrizes do silêncio. Observe meus braços, o que vê são marcas de ferro que reforçam por quanto tempo me calei, e isso o fazia evitando matar pessoas como você, hahaha – ironizou Victor.

"Esse homem me demostra como não devo ser", Julião pensou intrigado e aborrecido com a ação daquele preso. Nesse instante, Julião sentiu uma vertigem sem razão, seus olhos viraram para todos os lados e ele caiu ao chão com violência. A verdade é que ele havia perdido muito sangue e por isso desmaiou. Victor se aproximou e viu que seu companheiro estava passando muito mal, tinha uma ferida profunda nas costas. O guarda daquele turno o tinha esfaqueado enquanto os outros comiam.

– Guardas, venham rápido, esse homem está morrendo! – gritou Victor. Eles olharam para Julião e o levaram rapidamente até a precária enfermaria do lugar. Nesse meio-tempo, Julião sonhava com outra perseguição; suas filhas corriam atrás dele com seus corpos todos machucados e vestidos ensanguentados. Julião tentou se aproximar das meninas, mas recebeu cortes na pele e sentiu dores com violência. Desesperado, correu para se esquivar enquanto gritava:

– Que acontece, meu Deus? Me dê minhas filhas, seu maldito! Não basta a punição que já vivo na carne?!

Julião acabou chegando a uma casa abandonada, ainda sem compreender o que estava acontecendo. Só podia ser um pesadelo, do qual desejava profundamente acordar, mas não conseguia. Ao entrar na casa, sentia um cheiro de carne podre que saía de algum lugar. Intuitivamente, foi até o último e encontrou o próprio corpo sendo devorado por algum tipo de sanguessugas e vermes avermelhados. Sentiu paralisar-se completamente e ouviu uma voz grave e trevosa:

– Te aguardamos, advogado. Nem seu Deus nem sua Lei evitarão que você faça parte dessa corrente de vingança, para onde você vai, querendo ou não. Suas filhas podem garantir isso, hahaha!

Nesse instante Julião viu suas filhas, que estavam à altura de seus olhos, com o corpo normal, mas com os genitais chorando em sangue, gritando desesperadas:

– Papai!

Julião sente novamente um golpe e acorda, abrindo os olhos com desespero e a respiração muito alterada.

* * *

– Minhas filhas, onde estão minhas filhas? – gritava forte, enquanto via os policias e a esposa em um quarto de hospital em Quito. Irma correu para chamar as enfermeiras, porque Julião tentava se livrar dos fios que o alimentaram nesse tempo em que esteve novamente perto da morte.

Os policiais que ficaram no quarto tentavam conter Julião, que se debatia na cama. No que Irma voltou, um deles disparou ao advogado:

– Fique tranquilo, Julião! Não adianta fugir novamente, daqui você vai sair apenas quando estiver melhor, mas para ir diretamente à cadeia, porque nem julgamento você merece.

Ouvindo isso, Irma tentou se desculpar:

– Eu nunca quis isso para você, meu amor, não foi minha intenção te ferir por tanto tempo, mas preciso que fique tranquilo, não vale a pena ter tanta raiva.

Furioso, Julião atacou a esposa:

– Maldita, você tem o descaramento de me pedir desculpas depois de me trair com o próprio estuprador de minhas filhas! Vai queimar no inferno comigo ou sem mim, jamais vou te perdoar!

Ignorando as palavras de Julião, Irma rapidamente trocou de conversa e pediu às enfermeiras que aplicassem um sedativo em nosso irado amigo, que não entendia novamente o que o destino queria dele. Depois da injeção, começou a perder levemente a consciência e caiu em um sono profundo.

* * *

Depois de dormir um dia inteiro, novamente o advogado acordou, sabendo que estava no hospital e assumindo a realidade que o esperava. Abriu lentamente os olhos e, em silêncio, examinou o quarto. No recinto, encontravam-se apenas os policiais. Ignorou a presença deles e começou a relembrar as palavras e os momentos que tinha vivido com Mestre João no povoado de La Tola.

"Tanto esforço esse homem fez por mim, e cheguei até aqui para decepcionar a nós dois. Concluo que sou um fracasso como pessoa. A lei era o que me travestia e foi a única arma com a qual pude apressar esse ser que realmente sou: vil, orgulhoso, vingativo, ignorante, não merecedor de filhas e do amor. Tenho me conhecido porque a vida me deu essa oportunidade de saber quem sou realmente, e não posso falar que posso aproveitar, mas somente renunciar a uma realidade que busquei ter e que perdi com as mãos assassinas que agora tenho", Julião se lamentava em pensamento.

Foi quando um policial se aproximou e, observando Julião atentamente, disse:

– Quanto problema você causou, advogado, a cidade sabe de seu caso.

— Ah! Que fama tenho, criado oficial, mereço um lugar na prisão — Julião respondeu, envergonhado.
— Terá sim, além do mais, seus companheiros estão te aguardando.
— Me diga, o sr. Estevão ainda trabalha com vocês?
— Sim, ele foi promovido e agora é o comandante-geral.
— Transmita a ele meu fraternal abraço e, se quiser, pode vir para me visitar antes de partir para a prisão.
— Darei a ele seu cumprimento, Julião. Agora descanse, que quanto mais rápido se recuperar menos tempo terá de sofrer.

Julião, ignorando o último comentário do guarda, olhou para a janela que dava ao jardim do hospital e fechou os olhos, chorando silenciosamente por toda a dor que causava voltar à realidade.

Três dias depois Julião já estava melhor. Seu médico enviou um comunicado aos policiais, no qual estava escrito que o advogado poderia sair do hospital na próxima semana e ter uma vida normal. Sabendo disso, o coração de Julião começou a bater mais forte em desespero, já que, além de tomar consciência do que o aguardava, o medo da mudança vinha com dureza em cada palavra dos guardas que o vigiavam dentro do hospital, lugar onde seu espírito agonizava, ainda que Julião estivesse vivo.

* * *

Faltando dois dias para a alta de Julião, finalmente Irma apareceu. Elegante, atraente e com um olhar frio, caminhou lentamente até ele e passou as mãos pela sua frente, dizendo:
— Julião, venho apenas para me despedir. Tenho de refazer minha vida em outra cidade.
— Não diga, vejo que tem superado a perda, posso sentir em seu olhar, querida Irma — o advogado ironizou.
— Nunca superarei isso, mas devo dar lugar aos meus sentimentos, pois a correnteza do rio deve seguir; acho que isso faria bem a você também — ela respondeu sem se alterar.
— É difícil ficar relaxado sabendo que está na minha frente a mulher que sempre se deitou com o estuprador de minhas filhas — Julião alfinetou.

Nesse momento, um frio terrível subiu pelas pernas de Irma, que caiu ao chão e perdeu completamente a consciência pela frase dita por Julião, que finalmente desabafou depois de tanto tempo calado. Como estavam a sós na habitação, ele ficou olhando-a estirada no chão, tentando definir o que faria com ela a partir desse momento.

– O que me reservará o destino agora? – Julião murmurou. – Não sei não, mas estou me sentindo muito melhor ao te ver aí jogada no chão, sua maldita. Todo o trabalho que tinha feito para te perdoar de nada adiantou, porque você me demostrou uma vez mais que nunca se importou com nossas filhas. Mas dessa vez não escapará à minha oportunidade de te mandar para o outro lado da vida. Somente a morte vai poder apagar isso, e olhe que nunca me conheci como um assassino, até o dia em que seu amante violentou minhas filhas. Que coisas a vida me traz! Não sei se Deus está do meu lado agora, mas o que sinto em cada poro é desejo de vingança e repúdio perante a injustiça que os céus me trouxeram. Meu destino perdeu o rumo desde aquela vez em que vi sangue nas genitálias de minhas duas meninas. Aproveite, Irma, e fuja, porque, antes que me aprisionem, aprisionarei em você toda minha raiva que muito tempo se alimentou de lembranças escuras que chegavam quando você vinha à minha mente.

Julião gritou com força, pedindo ajuda. Os guardas pegaram rapidamente Irma e perguntaram furiosos o que tinha acontecido.

– Ela desmaiou porque sabe que estou partindo para a prisão – Julião respondeu.

Um dos guardas chegou mais perto de Julião e falou, olhando com desprezo nos olhos dele:

– Tem sorte, maldito, de ter uma mulher que te ama tanto mesmo com o lixo em que você se converteu.

– Hahaha, tem razão, caro oficial, tem razão...

– Ria-se, que o momento de felicidade está se acabando para você. Já temos uma cela bem bonitinha para você, com um dos tantos homens que você mandou para a cadeia. Aí vai rir, mas de prazer, hahaha...

– Que assim seja, senhor guarda, que assim seja... – finalizou Julião.

* * *

Depois de um tempo, Irma recobrou a consciência e foi direto até Julião. Chegou em um desespero dissimulado para os guardas e pediu novamente que a deixassem sozinha com seu marido para se falarem pela última vez. Os guardas aceitaram e saíram, enquanto observavam Julião sorrindo para eles com muita ironia.

– Julião, me perdoe por todo o mal que te fiz. O que aconteceu naqueles dias foi que você abandonava nós três, sempre vivia preocupado com as leis e ordem ao seu redor, a justiça que queria que fosse cumprida com ímpeto, e jamais se dava conta da falta que fazia seu amor e a sua companhia em casa. A solidão me invadiu, e essa carência de casal se transformou em uma necessidade de encontrar alguma pessoa que preenchesse esse espaço. Suas filhas também se sentiram vazias ao saber que o pai delas passava mais tempo com os juízes e réus que com elas. E assim encontrei uma solução temporária com esse homem. Mas sei que o tempo vai me cobrar por todo o mal que te fiz, e de coração sinto muito ódio pelo André. Senti certo prazer àquela noite quando você o matou, mas de nada adianta ter esses sentimentos nos dias de hoje. Sei que não tenho perdão de Deus e de você por ter te traído, mas tomara que um dia tenha piedade e saiba aceitar meu erro como ser humano que sou. Novamente, me perdoe, mas realmente ainda não superei a morte de nossas filhas. Se fujo é por covardia de não assumir certas verdades, e uma delas foi a relação que tive com esse imbecil. De certa forma, meu coração carregava uma pedra de pontas afiadas que rasgava tudo o que sou por dentro como pessoa, e mais cedo ou mais tarde teria de te contar, mas a covardia agora, como nunca, está latejando em mim por essa burrice e me sinto destruída como mulher. Você pode até pensar que, com minha aparência, vestindo roupas e perfumes caros, estou resplandecendo, mas na verdade estou tentando fugir da realidade interna que vivo. No fundo sou um trapo sujo de erros e imaturidade.

Depois de um longo silêncio, Julião olhou para Irma com muita frieza e ironia e disse:

– Irma, minha querida *esposa*, pois isso você ainda é. Olhe só! Suas confissões até parecem bem elaboradas, mas você se esqueceu dos detalhes. Lembra-se daquelas noites maldormidas que tive por causa do trabalho? Sabe onde você pode ver isso materializado? Nas viagens que dei para você, em seus malditos caprichos que eu sempre me empenhei em satisfazer com amor cego. Você me diz que se sentiam solitárias, mas você nunca moveu um só dedo para ser uma mulher de atitude. Sempre ficava abrindo a boca e as pernas para gritar de prazer ou se queixar do ar que minhas filhas respiravam, enquanto era eu quem trabalhava dia e noite só para vê-las sorrir, para que nada lhes faltasse. Você me diz que não dei carinho às minhas filhas, e não se deu conta de que, nos dias em que eu podia descansar em casa, você ia com bastante frequência à casa de sua mãe. Mas é muito estranho saber que você a visitava nos motéis ou mesmo naquela praça tão perto de casa. Não sabia que o nome de sua mãe era André, Irma. Abri pela primeira vez as portas de minha casa a alguém em quem confiava, mas sua suposta carência e fogueira genital não te deixaram ser racional e te levaram ao que você é hoje. Uma simples cadela que não tem vida nem rumo. Em mim não brota nenhum sentimento de perdão, muito menos de te chamar de mulher. Por trás de todo aquele sorriso e inocência pelo qual me apaixonei uma vez, se escondia um desequilíbrio sexual que te levou ao que hoje você é: nada. Somente se lembre de uma coisa: Deus está em cada passo que damos, e tanto você quanto eu vamos pagar por todas as decisões erradas que tomamos. Na balança da justiça, eu te garanto que você vai cair feio por sua traição, por suas mentiras, pela falta de humanidade. Boa-noite, Irma. Nós nos encontraremos em pouco tempo, vivos ou mortos, hahaha!

Encerrando o assunto, Julião gritou para os dois policiais que estavam à porta:

Guardas! Venham, por favor, a conversa acabou.

Eles entraram e Julião pediu que levassem a esposa dali porque estava cansado. Eles acompanharam a mulher até a porta; ela não tirava os olhos dele, que retribuía com um sorriso delicado e maquiavélico. Quando fecharam a porta e Julião ficou sozinho, ele fechou os olhos e disse:

– Perdoe-me, amigo João, pensar é uma coisa, mas fazer é completamente diferente. Eu cheguei a encontrar fogo para aquela madeira que sou, mas agora estou me prendendo e me queimando de raiva. Só resta apagar com o fogo da vingança, porque o perdão e o arrependimento agonizam entre tantas chamas que nascem em meu coração perturbado.

Capítulo V

Mudança de Rumo

Era uma manhã do mês de outubro. Dois médicos e uma enfermeira estavam dentro do quarto e quatro policiais observavam pela janela que dava para o corredor. Julião começava lentamente a acordar. Esfregou os olhos, passou a mão nos cabelos e deu um leve sorriso acompanhado de uma saudação a todos.

– Bom-dia, advogado! Checamos sua ficha e podemos dizer que nossos cuidados estão finalizados – disse o médico.

– Que bom, doutor!

Faz tempo que ouvia essa classificação de "advogado". Certamente minha estadia neste lugar terminou e é chegada a hora de mudar de rumo.

– Muita sorte, Julião. Esperamos que o tempo passe rápido para você e que tome outra postura sabendo o que lhe espera na prisão – retribuiu o médico.

– Sem problema algum, estimado doutor, tenho certeza de que minha estadia será rápida e salutar – Julião concordou.

Depois de um breve silêncio, os policiais entraram e convidaram Julião a se vestir com roupas que a esposa lhe tinha deixado.

– Oh, muito obrigado, senhores! – Julião agradeceu.

– Apresse-se, advogado, a casa de detenção o aguarda – interveio um dos policiais.

– Perdão, filho, mas a lei me dá a possibilidade de adotar outras decisões antes de tomar o caminho direto para a prisão.

– Como assim, advogado? Um homicida tem alternativas?

– Seja para qual delito for, eu tenho direito a um julgamento.

– Mas você solicitou...

– Desdigo e solicito um julgamento antes que o fim de semana chegue.

– Está bem, Julião, vamos levar seu pedido à delegacia, depois de acabarmos aqui.

– Que assim seja, obrigado.

* * *

Julião já saiu pelos corredores do hospital com as mãos amarradas a cordas e sob escolta policial. No caminho, observou muitos doentes sendo amparados pelos médicos. Desceu as escadas e contemplou a famosa Avenida de Quito, onde repórteres o aguardavam com uma enxurrada de perguntas:

– Sr. Julião, é verdade que fugiu dos seus crimes por não ter vencido a morte de suas filhas?

– Declara-se culpado, em prisão perpétua, advogado, depois de ter cometido os homicídios?

– Como continuará seu casamento com esse novo rumo?

– Está arrependido de suas ações, advogado?

Apesar das muitas perguntas, Julião somente aguardava o momento exato para trocar novamente o rumo de seu destino. Subiu no camburão puxado a cavalos, tão fúnebre quanto a postura e decisão que Julião tinha tomado. Os animais começaram a trotar e, conforme passavam pelas ruas, muitas imagens voltavam aos pensamentos de Julião. Lembranças dos momentos felizes que passou com sua esposa e filhas em família; as vezes em que caminhou tomando uma xícara de café pela praça; e o respeito e reconhecimento que as pessoas demonstravam em cada gesto – palavras e saudações eram comuns quando andava pela rua. Lembrou-se das reflexões que faziam em seu jardim, onde ele analisava o comportamento das pessoas que defendia. Tristeza e silêncio pesaram sobre Julião, mas ao mesmo tempo a fogueira da ira que carregava em seu coração afiava suas facas, aguardando o momento da vingança.

* * *

Depois de um logo trajeto, chegaram à delegacia. Um dos guardas abriu a porta do camburão para que Julião descesse, mas, surpreendentemente, recebeu um soco no rosto e caiu ao chão. Foi a brecha para Julião disparar em direção a um bosque naquelas redondezas. A gente apavorada observava como o advogado era perseguido por dois policiais armados. O medo, a adrenalina e o desejo de vingança levaram Julião a correr sem deixar que o cansaço tomasse conta dele. Avançou para dentro da mata e pegou um desvio que o levou a uma campina onde por trás se escondia um riacho. Seu coração estava a mil. Julião já demostrava cansaço, e o peito começou a ficar sem ar, mas sabia que seria sua última oportunidade para agarrar o timão de seu destino e poder se vingar, arrancando o tormento causado pela esposa. Ouvia latidos que pouco a pouco começaram a desaparecer. Ainda de mãos amarradas, ia esfregando as cordas em algumas árvores daquela mata densa na esperança de cortá-las. Então, ele percebeu pisadas mais fortes daqueles homens que o perseguiam e continuou a correr pensando no riacho. Chegou ao ponto mais alto daquela campina e se deparou com uma descida íngreme. Como estava impossibilitado de usar as mãos para se apoiar, decidiu dar pequenos saltos agachado, mas acabou perdendo o equilíbrio e bateu forte a cabeça em uma pedra. Mesmo ensanguentado e atordoado, a situação o excitava. Enfim, alcançou o riacho e foi seguindo contra a corrente, sabendo que sua casa se encontrava nessa direção. Não passou muito tempo para sentir-se debilitado e baixar a velocidade de seu passo. Procurou umas pedras afiadas para cortar as cordas que ainda lhe amarravam os punhos. Finalmente, com todas as forças que lhe sobraram, conseguiu cortá-las. Atirou-as ao riacho, sabendo que os policiais procurariam pistas sobre seu paradeiro. A perda de sangue era cada vez maior e sua sede crescia ainda mais; decidiu beber um pouco de água do riacho e se limpar, para continuar antes que fosse tarde demais.

* * *

Após a pequena trégua, percebeu que havia despistado o grupo de policiais, então decidiu atravessar um monte, mesmo sem saber onde acabaria. Quando chegou ao topo, avistou algumas casas, o que significava que Julião estava na entrada da cidade. Havia passado um pouco da direção de sua casa, mas ainda assim continuou a caminhar.

Ensanguentado, procurado pelas autoridades e temido pelas pessoas, já não tinha mais lugar o respeitado Julião. A ferida na cabeça não coagulava e o advogado sabia que era inútil ir até o hospital. Então, decidiu roubar sal de algum lugar para colocar na cabeça e estancar o sangue.

Depois de ter retornado duas ruas que conduziam à cidade, coincidentemente estava na entrada do bar onde tinha cometido um dos assassinatos. Isso causou uma tormenta de emoções sobre o coração de Julião; lágrimas e dor voltaram à superfície, mas, como não havia outro lugar por perto, optou por pegar dali o que precisava. Entrou no bar violentamente e ordenou ao atendente que colocasse sal em sua mão. Muito assustado, o homem despejou o pacote de sal na mão de Julião, que por sua vez o fitou e pediu perdão pelos danos causados tempos atrás. Sem esperar resposta, nosso desesperado amigo saiu correndo com dificuldade em direção à sua casa. Era chegada a hora da vingança, e Julião teria de dar seu último suspiro para aliviar toda a dor que teve desde o dia em que a traição chegou até seus ouvidos.

Seguiu por trás das casas e parou no jardim, onde tirou o paletó e o mordeu para abafar seu grito enquanto colocava a sal sobre a ferida. O urro foi descarregado no falso silêncio e se converteu novamente em um choro de dor e impotência. Voltou a ouvir latidos, e seu coração carregado de adrenalina fez um esforço máximo para que Julião corresse de novo. Correu tanto que até se esqueceu daquela ferida que de algum jeito estava anestesiada.

Depois de atravessar umas dez ruas, com o pulmão destruído e uma visível palidez, Julião encontrou os fundos de sua casa. Aguardou um instante e foi para o depósito que se encontrava ao lado do balanço onde brincava com as filhas. Toda a raiva se revitalizou, e nos olhos de Julião ardia o desejo de acabar de uma vez com essa história. Pegou as cordas e foi atrás de algum metal com ponta, até que encontrou a coleção de facas dele que Irma tinha deixado. Pegou duas delas e o álcool. Entrou devagar na casa, bebeu água do filtro da cozinha e subiu as escadas com muito cuidado. Com as cordas na mão, lentamente abriu a porta de seu quarto e observou Irma entrando no banheiro. Nesse instante, Julião lançou-se sobre o corpo dela, apertando seu pescoço e tapando sua boca com força.

– Tranquila, sua maldita. Não se desespere, que isso vai acabar bem rápido. Desfrute como fez antes com aquele maldito do André, a diferença é que agora sentirá prazer pela dor, e pela dor aprenderá a se redimir. Se você gritar, eu te darei álcool para beber e vai se queimar dentro. Se tentar ser violenta, vou enfiar essa faca em seus braços e pernas para que fique imóvel. Se tentar fugir, enfiarei em sua coluna e não vai mais caminhar. Então, é melhor que me ouça e nada fale, porque sua língua poderá ser vítima da ira que depositarei nas facas.

Entre pancadas, Julião amarrou Irma pelas mãos na cabeceira da cama e os pés foram atados na outra ponta. Depois de amordaçá-la, trouxe da cozinha as facas e o álcool. Aproveitou e pegou também pimenta. Subiu rapidamente as escadas, mas parou diante do quarto de suas filhas e sentiu vergonha e dor. Abriu a porta e encontrou tudo praticamente vazio, apenas algumas caixas fechadas, e novamente a ira se fortaleceu no coração de Julião ao ver aquela densa pureza. Fechou a porta com raiva e se dirigiu até Irma.

– Como superou realmente tudo, sua cadela. Guardou as coisas de meus tesouros como se elas tivessem cumprido seu tempo em seu coração. Você é uma fria maldita, que somente merece sofrer, e disso vou me encarregar agora.

Irma chorava desesperadamente, com os olhos bem arregalados ao ver que Julião trazia uma loucura para realizar entre as mãos. A ira do advogado já era manipulada pelos espíritos trevosos que o observavam fazia muito tempo e estavam cuidando de todos os detalhes para que ele concluísse seu plano com a maior exatidão.

Julião estava bastante debilitado, e seu desejo de vingança facilitava que aqueles seres trocassem energias com ele, dando-lhe força e lucidez em suas ações. Segurou Irma pelos ombros, rasgando suas roupas com uma das facas, e a deixou totalmente nua. Por momentos, olhou-a e sentiu certo desejo reprimido, influenciado por um dos seres trevosos que estavam ali, mas sua pouca razão negativa permitiu a ele eliminar a vontade de sexo.

Sentou-se do lado direito da cama, perto da mesa onde costumava deixar seus livros, e ali depositou as facas. Deu um suspiro profundo e inclinou a cabeça em um choro raivoso e descontrolado; centenas de imagens passaram por sua mente, e delas resgatou aquilo que mais serviria a ele agora: cenas de suas filhas sendo violentadas e violadas por seres disformes.

Julião volta à consciência de seu corpo físico, pulando da cama com um grito assustado. Virou-se para Irma e esbravejou:

– Chegou a hora, mulher suja, você vai sentir como dói ser violentada, assim como fizeram com nossos tesouros!

Julião cortou as cordas que atavam os pés de Irma e pegou o álcool e a pimenta. Sentou-se na cama e forçou as pernas de Irma para que se mantivessem abertas. Com a maior frieza começou a fazer cortes na vagina dela e espalhou o álcool com pimenta sobre as feridas. Irma gemia de dor como nunca, estava em carne viva, sentindo uma dor indescritível que a levava lentamente ao desmaio. Julião sorria de um jeito maquiavélico e possuído, em que o prazer pelo sofrimento se multiplicava a cada minuto. Então, começou a fazer cortes por todo o corpo da mulher, e sobre cada ferida despejava álcool. Os gritos dela eram abafados pela mordaça, naquele bairro de classe alta.

Finalmente, Julião sentou na cadeira e observou o sofrimento da esposa, falando pela última vez:

– Irma, sinto-me muito à vontade por ter me aliviado, e por instantes sinto que minha dor diminuiu. Sabe, faz tempo que carrego um peso por sua traição e cumplicidade com André no assassinato. Mas você nunca vai se esquecer de mim, porque, assim como minhas filhas sentiram dor por causa de sua traição, você vai sentir o mesmo com minha justiça.

Dirigiu-se ao guarda-roupa e encontrou algumas peças que tinha deixado. Em um cantinho encontrou uma arma que tinha tomado de um delinquente anos atrás. Pegou-a lentamente e levou-a à mesa. Desceu de novo até a cozinha atrás de fogo, quando começou a ouvir sirenes. Nisso o desespero tomou conta dele, e rapidamente Julião subiu até o quarto. Observou Irma e, sorrindo para ela, derramou sobre sua vagina todo o vidro de álcool que sobrou e riscou um fósforo. A cena catastrófica e violenta que Julião tinha protagonizado ficaria marcada para sempre na mente de Irma e no desequilibrado coração do advogado. Por alguns momentos, Julião não compreendia por que chegara a esse extremo. Fitando a arma, tomou-a entre os dedos e a engatilhou, despedindo-se de Irma:

– Cumpri minha vingança, e espero que você nunca se esqueça do que você fez, maldita. As trevas me aguardam, vou reservar lá um espaço tão sujo como você. Hahaha!

Com um tiro, Julião esparramou sua massa cinzenta pelas paredes e pelo chão, decorando o quarto com sangue, cheiro de carne queimada e seres destruídos por sua sina. Caindo em um sonho desconhecido pelo ser humano, nosso amigo passou lenta e dolorosamente pela passagem de seu rumo.

* * *

A partir daqui, somente me resta ouvir o testemunho de Julião, que passará a testemunhar esse caminho de altos e baixos que o levaram ao lugar que agora ocupa como servidor da luz, da lei e do amor.

Capítulo VI

Acordando na Praça

Senti um tremor muito estranho e percebi que estava sendo sugado por um túnel escuro. Tentei manter os olhos abertos, mas era difícil controlar o corpo. Fazendo um esforço sobrenatural, consegui mudar de direção e lentamente abri os olhos, com a respiração agitada.

Foi quando senti uma energia muito espessa, negativa e pesada que saía de mim. Era a reação do que aquele homem havia feito com minhas filhas, a traição de Irma e finalmente minhas decisões incorretas.

"Maldito homem!", pensei. "Onde você estará, seu idiota?! Tenho um enorme desejo de descarregar em você esta fúria que trago desde a matéria. Não importa onde se esconda, vou te encontrar e me apoderar de seu destino, assim como você se apoderou de minhas filhas."

Meio dolorido, eu me levantei. Com o objetivo de encontrar André, comecei a analisar os acontecimentos anteriores e achei que não tinha outra saída senão ir até a casa dele. Acontece que era bastante longe e, contando o tempo no plano físico, deveria levar uns dois dias andando. Enquanto caminhava, eu ficava me perguntando: "O que eu vou fazer, se não conheço uma maneira de chegar até lá?".

Não muito longe notei um grupo de seres que, àquela distância, me pareciam apenas moldes ou sombras. Caminhei um pouco mais rápido para tentar ter uma conversa com eles. Ao chegar perto desse grupo, eu continuava vendo sombras, além de uns poucos traços humanos. Um dos seres virou em minha direção e caminhou lentamente. Certo temor pairou em mim, não por esse ser, mas, sim, pela energia que irradiava, tão negativa, fria e desafiadora.

– Como vai, advogado? – o líder do bando cumprimentou Julião.

– Desculpe, como sabe qual foi minha profissão na Terra? – indaguei.

– Ainda não tomou consciência de sua situação? Estávamos aguardando sua chegada. Custou muito te tirar daquele lugar, mas você cumpriu com nossos objetivos.

– Maldito! Foram vocês que me impulsionaram à violência, à desumanidade.

– Ah, não somos culpados, advogado! Nós só te demos a arma. Foi você quem disparou; demos facas, mas a decisão de apunhalar e ferir foi sua; colocamos materiais para criar a dor, e com eles foi você quem fez arte no corpo da vítima. Hahaha! E quer dar para nós os créditos da desumanidade? Olhe-se e pense. Além do mais, você estava controlado por uma força maior que não era de nosso grupo e mistério – chacoteou o ser trevoso.

Caí ao chão, tomado por uma imensa dor e tristeza no peito, e comecei a chorar copiosamente. A culpa recaía sobre mim com a violência de um raio. Aqueles espíritos começaram a me cercar, e todos irradiavam uma luz escura lilás que se alternava com um roxo intenso. Gargalhadas horrendas eram dirigidas à minha pessoa; acabei por cair em uma sonolência e debilidade. Sons de correntes arrastadas, facas e respirações aceleradas entravam por meus ouvidos. Uma turbulência mental e emocional se apoderou de mim, e eu me retorcia no chão.

– Que acontece, advogado, não gosta da nossa companhia? Ou por acaso deseja estar entre jardins cheirando a rosas, abraçando suas filhas? – novamente o líder se manifestou.

– Olha só, esse infeliz traz uma roupa muito boa, chefe, posso pegar? – outro ser se intrometeu.

– Pode tirar, para mim tanto faz – o líder deu de ombros.

Então, o ser chegou perto de mim e pôde ver meu rosto todo deformado e sentiu que eu exalava um odor fétido. Ele estava disposto a tirar toda a minha roupa e me deixar nu. Com raiva, tomei forças, empurrei-o e comecei a correr para qualquer direção. Ingênuo, achei que estava longe deles, mas ouvi sons de ferros atrás de mim. Eram correntes que, ao tocarem minhas costas, me paralisaram por completo e eu caí ao chão como uma pedra. Fiquei em um estado de dor e inconsciência.

– Bom tiro, Ramtes. Esse maltrapilho achou que fugiria de nós facilmente. Hahaha... – o líder elogiou um de seus subjugados.

– Sim, chefe, além do mais ele nem está sabendo que a morte da família foi inspirada por nós, hahaha...

Ouvindo aquilo, atirei-me sobre o capacho e comecei a espremer seu pescoço e dar-lhe socos fortes no rosto. Eu murmurava com muito ódio:

– Que falou esse imbecil? Vocês estiveram envolvidos em todas as minhas ações? Vocês assassinaram minhas filhas?

Inabalado, o ser que apanhava debochou:

– Continue assim, advogado. Me dá prazer ver como você bate em meu rosto. É saboroso sentir sua raiva plasmada em seus golpes! Sentir suas contas pendentes me alegra ainda mais. Vá, maldito! Demorará muito tempo até que você possa estar do lado da luz e da lei, hahaha...

Fiquei esgotado rapidamente e, pensando no que ele falou, dei-me conta da loucura que tomava a todos e quão perdido eu estava. Contive-me por um instante e olhei bem em seus olhos escuros, escondidos naquele rosto ferido. Finalmente, eu o soltei e tive um lapso de verdade que resumia a lógica de meus fatos. Rendido e sem forças para continuar, inclinei-me e soltei um choro de impotência e resignação. O grupo todo me observava; alguns cochichando, outros zombando, mas um deles estava sério, parece que registrando mentalmente tudo o que ouvia, sentia e enxergava.

Então, o líder ordenou:

– Silêncio, idiotas! Não há tempo a perder. Nem com sua atuação, advogado imbecil, nem com o cochicho de vocês. Você vai vir conosco, ser mais um demente. Me dá pena e decepção vê-lo atirado ao chão, como se fosse um desencarnado sem sabedoria nem conhecimento. Para mim, você não é útil assim. Ou você se destaca nesse seu egocentrismo, ou vai descer às profundezas de seus erros e decisões incorretas.

– Vou aonde me levarem, senhor – falei cabisbaixo.

– Assim está melhor, maldito.

– Não me chame de maldito, senhor – retruquei.

– Aqui te chamarei como eu quiser, maldito. Se quiser um rótulo de respeito, trabalhe por ele – gritou o líder, dando-me chicotadas.

– A trabalhar, senhores, levem-no até nosso esconderijo.

– Como quiser, senhor – respondeu outro com uma capa preta e uma barra de ferro na mão.

Colocaram-me em fila com os outros. Um deles ia à frente falando em um dialeto desconhecido por mim. Ele abriu uma espécie de porta circular preta no chão, da qual saía um ar frio e nojento.

Todos disseram juntos um código; atravessamos aquela porta que girava em sentido anti-horário e chegamos a um túnel. Um silêncio indescritível me envolvia na escuridão até que, de repente, comecei a ouvir choros, gritos e lamentos ensurdecedores. Não aguentando mais, comecei a empurrar o que havia na minha frente, tentando sair dali. Quanto mais avançava nessa escuridão, mais debilitado ficava. O cheiro de carne podre e lixo aumentava e uma luz avermelhada começava a iluminar as silhuetas. Como não encontrei saída, parei e caí de joelhos aos pés de uma mulher nua e atraente, oculta por uma capa preta e com um olhar carregado de ódio. Um daqueles seres que seguiam Julião falou com ela:

– Finalmente esse maltrapilho caiu aqui, como a senhora pediu.

Outro continuou, rindo:

– O imbecil é um pouco ousado, chefa. Mas já aprendeu a lição do silêncio nas trevas, hahaha...

A mulher então ordenou:

– Busquem sua recompensa no quarto escuro e deixem-me a sós com esse idiota.

– Sim, minha senhora! – todos responderam ao mesmo tempo com um ar de excitação e saíram correndo até umas portas altas que eram resguardadas por mulheres de torso nu.

Ao que o grupo se dispersou, ela continuou:

– De pé, escravo!

– Somente sou escravo de mim, senhora – retruquei.

– Cale-se, insolente! – gritou a mulher, empurrando uma espécie de estrela de aço contra meu peito, o que me fez cair de novo naquele chão preto, úmido e nojento.

– Levante-se, escravo, e pare de reclamar! Você não tem direito de falar uma palavra sequer. Tem somente o direito de trabalhar sobre seus erros, e por meio da dor, porque, como outro idiota qualquer, você nunca se deu a oportunidade de aprender pelo amor. Levante-se, maldito, a mesma vontade de assassinar pessoas e de violentar sua mulher você deve ter aqui para trabalhar com toda essa porcaria que você colecionou em sua estúpida e curta vida de suposto defensor da lei, hahaha...

Fiquei em silêncio, com toda a culpa que carregava, assumindo minha responsabilidade. Finalmente estava conformado com o porquê de estar ali.

– Você decidiu tomar decisões pessoais sobre vidas alheias à sua, tentou tatuar a justiça em espíritos que nada tinham a ver com seu destino. Carregando um mistério divino que se refletia em seus pensamentos e sentimentos, você já intuía, ainda que de um jeito incerto, o grande poder que habitava em você. Mas de nada adiantou, já que seu instinto estúpido se adiantou ante o silêncio naquele dia em que seres das trevas infestaram sua casa por causa de uma estupidez de sua mulher. Sim, Julião, aquele homem, suposto amigo seu, já era um fantoche das trevas desde o dia em que você o conheceu. E a chegada desse homem na sua casa despertou em sua esposa os desejos obscenos próprios dela, justificando sua ausência na cama e no dia a dia, dentro do lar. Na noite da morte de suas filhas, esse ser imundo ficou dominado de desejos infernais sobre suas mulheres, Julião. Foi o dia em que as trevas entraram completamente em sua casa e destruíram sua família de uma só vez. Toda essa ira que você manifestou no corpo daquelas pessoas foi uma possessão dos próprios espíritos que levaram esse homem a cometer aquela atrocidade. Ao tirar-lhe a vida, você cometeu o maior dos erros, já que a indiferença pela luz fez aumentar a escuridão ao passado e ao presente. Pelo que você fez, não somente não ficou imune à lei, como também acrescentou em suas contas para com a justiça divina o 23 aquele homem fez na Terra com suas filhas e outras mulheres que foram assassinadas por esse imbecil. A dívida é grande, Julião, mas seu mistério é ainda maior. E esta será a única vez que lhe falarei com esses detalhes. As decisões sobre seu futuro nas trevas você tem nas mãos. Aqui não serei como a gente da luz; não chorarei sua partida, mas, sim, seguirei seus passos. Tudo o que sai de minha boca é uma oportunidade para a remissão de seus erros na Terra, e se ignorar isso eu pessoalmente vou executá-lo amanhã.

Depois de uma pausa, ouviu-se uma gargalhada muito particular, que logo foi convertida em sons que tocaram as portas de minha mente e me levaram a um estado de agitação e desespero. Senti que se acumulavam em pensamentos perversos, dores alheias, choros, gritos e muito pesar, como se fossem meus.

– Pois é, Julião, toda essa dor não é sua, mas você é responsável por elas, tanto quanto pelo que acabou de cometer em sua última vida ou em vidas passadas. Chegou a hora de conhecer seus dois caminhos, mas eu o acompanharei somente em um. No outro, vou puni-lo, assim como você o fez com gente inocente, hahaha...

– Perdão, senhora, mas minha cabeça dá voltas e nada posso assimilar mais que a dor.

– Hahaha, ainda não tem ideia de onde está, seu imbecil, e como cabra rumina nesse mar de retificação e reordenamento. Cale a boca, observe, assuma e aprenda como homem que é, como espírito que precisa ser purificado.

– Sim, senhora. Poderia me dizer seu nome?

– Sou a Senhora da Estrela Negra.

– Prazer em conhecê-la, prezada guardiã deste lugar.

– Nunca falta prazer ao me conhecer, hahaha...

– Pode me chamar de Julião, senhora.

– Hahaha! Melhor seria assassino, traidor, covarde... Aqui vou chamá-lo pelo que você é. Não passa de um cabra que precisa apenas fechar a boca e trabalhar. Agora, levante-se e tire a roupa, isso não é útil aqui!

Depois de uns instantes, um ser de aparência infernal apareceu ao meu lado e, sem se esforçar, me apertou forte o pescoço. Senti uma dor intensa, que foi acompanhando de gargalhadas desse ser.

– Minha senhora, vou levar esse lixo e enfiá-lo com os outros na fossa que corresponde a ele!

– Faça o que é para ser feito, Guardião das Sete Covas. Agora está em suas mãos a execução dele para que possa entrar na etapa da redenção.

– Como queira, minha senhora. Vamos, idiota! Chegou a hora de apodrecer para ver se você volta a ser alguém. Hahaha, grande zelador das leis, seus delitos na Terra foram maiores do que os daqueles que colocou na prisão. Você foi o ser mais vil e irracional de todos, buscou uma vingança barata, mas ninguém na Terra conseguiu enfiá-lo nas fossas do arrependimento, mas agora é minha vez de lhe mostrar o verdadeiro valor da vida. Você não está morto, só trocou de *habitat* e foi cair em um lugar pouco agradável, digamos, hahaha...

O guardião saiu arrastando meu corpo debilitado e ferido. À medida que avançávamos, eu ouvia mais gritos e choros compulsivos.

* * *

Depois de um tempo, estávamos diante de uma enorme cova, feita de pedras e coágulos de sangue. Não dava para ver nada, eu somente ouvia gritos muito agudos, aparentemente de seres desesperados para sair daquele lugar horrendo. Não consegui disfarçar e o medo se apoderou de mim. Juntei forças para ficar em pé e tentar correr, mas permaneci imóvel.

– Agora, cabra, sua vez de entrar. E as leis executoras do que você conhece como carma dizem que você vai ficar aqui nu.

– Não tirarei a roupa, senhor, pode me deixar assim que não vai fazer diferença se estiver de roupa ou não.

– Hahaha... E quem disse que sua palavra tem peso em meus domínios, maldito?! Se não tirar, tiro eu.

Em um estalar de dedos, cada fio de minha roupa se transformou em serpentes que me atacaram até que eu ficasse praticamente inconsciente. Senti apenas que fui lançado como um saco no meio de uma multidão malcheirosa, carente e fria.

Capítulo VII

A Prisão. Meu Abrigo

Sem entender que lugar era aquele onde eu havia sido deixado, comecei a gritar com aqueles seres, sentindo medo e dor correndo por minhas veias. Essa sensação de impotência me enfureceu e tratei de correr na tentativa de encontrar uma saída. As paredes internas daquela cova estavam repletas de pessoas, o teto carregava olhos avermelhados que se movimentavam na penumbra, acompanhando cada movimento meu. Chegou uma hora em que acabei tentando me acalmar e parei de correr, de gritar e chorar, somente fiquei respirando e ouvindo os lamentos alheios.

Meu comportamento chamou a atenção de uns seres que até então eu não tinha visto. Eles eram altos e estavam vestidos com túnicas vermelho-escuras e capuzes que se confundiam naquela negritude, mas um esboço de rosto se destacava na penumbra. Seguravam uma tocha avermelhada, em cuja chama se via uma pedra negra. Um deles elevou essas chamas à altura do meu coração, as quais em um instante entraram em meu corpo e provocaram uma dor imensa. De um jeito estranho vieram à minha mente as imagens dolorosas de minha última vida – minhas filhas sendo violentadas; Irma me enganando com aquele homem enquanto ele sorria de maneira pervertida. Também eu vi as vezes em que deixei minha família para dedicar maior tempo à Lei e a Justiça. "Por Deus, quanta controvérsia", eu pensava. Foi quando um dos seres interveio e me disse:

– Você se deu conta, idiota, de quantas falhas há em seu coração? E tenta se acalmar neste lugar? Essa não é a forma de tirar de cima de si esse monte de lodo de emoções e pensamentos que carrega. Corra, grite e se lamente com essa porcaria de seres que não aprenderam a equilibrar os próprios sentimentos. Esse foi um teste, e você não passou. Essa foi sua prova, e você não superou. Agora, redimir-se é sua sina para sair deste buraco que você escolheu em cada pontada doentia de vingança e rancor. Ainda não começou seu martírio, aqui é apenas a sala de espera de sua execução. Então corra, seu maldito!

Um golpe forte me arremessou como um saco de tristezas em cima de um monte de corpos disformes. Caí de costas sobre um corpo peludo. Ele rosnou, e seu pelo se transformou em espinhos que cortaram minhas costas. Senti que saía de mim um líquido espesso. Fui ficando tonto e, aos poucos, perdendo a consciência, até que desmaiei.

Eu fiquei paralisado não sei por quanto tempo. Não emitia som algum, somente respirava e responsabilizava aquela besta venenosa por ter me colocado nesse estado. "Quando acabará isso, quando começará meu suplício realmente? Enquanto a lei deste lugar não me julgar, isso não acabará?" Enquanto concluía esses pensamentos, ouvi em minha mente aplausos e uma voz ronca que falava:

– Bravo, advogado, bravo! Aplaudo você por tentar reconhecer seus atos tão rápido, e também por sua ordem desordenada sob as provas impostas pela lei, a qual lhe dava poder de ordem. Agora, nu e parecendo um farrapo humano, retorce-se na suposta consciência sobre os erros que cometeu. As culpas não são pagas com consciência, mas, sim, com reações. De nada adianta você, assim como outros humanos depois de terem cometido erros graves, virem dizer que estão arrependidos só porque lhes veio à mente uma faixa de luz de discernimento. Isso é uma tapeação ensinada por vários grupos sociais, de que um simples perdão que nasce de um suposto coração fica expurgado de toda a culpa. As ações surgem com reações, estas impõem o discernimento e o aprendizado com o conhecimento do que não é correto fazer. Afabilidade disfarçada de súplicas monótonas e mãos consoladoras nas costas são o consolo de uma massa que tenta abafar as próprias falhas com oração ou arrependimento. Eu lhe asseguro que idiotas como você somente devem se entender pela dor, porque sua emoção o delatou no ponto alto de sua prova, no topo da montanha de seus sentimentos, do qual você caiu como uma bola de fogo ao precipício da redenção. Ainda está longe de você compreender o sistema da Lei do Criador, mas bastarão algumas cenas para que veja que a bondade daquele que nos criou não se baseia somente no perdão, mas, sim, na oportunidade de se redimir por seu próprio pesar, o qual antes você impunha sobre outras pessoas e que nada tinha a ver com seu estado de ânimo ou posição psicológica. A lei humana se aplaca quando o livro da Lei Maior escreve com a tinta da Justiça Divina que, mais cedo ou mais tarde, se faz fé e se transforma no equilíbrio de seus atos e palavras; lá, onde sua voz se ouve, onde seus olhos enxergam, onde sua exalação deixa marcas.

– Quem é você? – perguntei, pasmo com tamanho discurso.

– Sou sua consciência purificada, seu lado redentor, sua melhor vida passada; sou a voz que agita suas culpas, a fim de que compreenda que você tem erros a assumir no tempo e hora certos. Não reclame ao alto quando a dor invadi-lo, somente sorria com amor, já que com ele você logo vai encontrar uma saída para ste momento...

Fiquei atordoado e cheio de incerteza, após aquela voz ter desaparecido. Não passou muito tempo para que novamente começasse a ouvir gritos e lamentos ecoando em meus ouvidos e me afundando em desespero. Levantei e fui empurrado por uma extensa fila de seres nus que corriam dentro de um circuito em espiral vigiado por dois homens encapuzados. Alguns espíritos choravam carregando um rosto de incerteza e assombro, enquanto aguardavam algo. Um ruído ensurdecedor e agudo surgiu e fez todos serem atirados ao chão tampando os ouvidos e se contorcendo de dor. Abri os olhos um pouco e vi centenas de morcegos voando em todas as direções.

– O que está acontecendo? – indaguei pela primeira vez a um dos seres.

– Chegou a hora de alguns irem embora, e esses morcegos evitam que outros tentem escapar. Não se levante por nada, eles podem paralisá-lo não sei por quanto tempo, igual àqueles ali nas paredes!

– Onde estou? Conhece este lugar?

– Olha, faz muito tempo que vim parar aqui e nunca soube onde me encontrava. Acordei nos braços de uns seres monstruosos que tinham mutilado meu sexo antes de me deixarem aqui.

– Desculpe a pergunta, o que fez você para merecer isso?

– Abusei sexualmente de minhas filhas e sobrinhas, estas últimas já com mais idade, mas fizeram uma armadilha para me descobrir. Quando tudo veio à tona eu me matei.

– Você realmente abusou da lei... – falei, e a palavra "violação" revirou meu estômago.

– Sim, suplico perdão todas as noites, mas não dá certo. Acho que Deus se esqueceu de mim!

– Ele não esquece de ninguém. Simplesmente devemos assumir nossos erros para que nossa sujeira seja limpa. Vai chegar a hora em que estaremos purificados, e isso é questão de fé – falei tentando passar um pouco dos ensinamentos daquela voz interna.

– Você realmente tem mais paz, no meio deste inferno.

– Não é paz, somente um compromisso de devolver o que tenho tirado com minha justiça limitada e ignorante.

– Cale-se! Está chegando um dos guardiões deste lugar...

– Malditos charlatões! Calem-se ou serão convertidos em miúdos pelas presas dos morcegos – gritou o guardião.

Não falamos mais nada, então. Esse guardião emanava uma energia de respeito e temor por ele.

– Ninguém jamais viu o rosto dele – sussurrou o que estava ao meu outro lado.

Passaram uns instantes e a fila se recompôs, todos de novo em sentido espiralado, caminhando, acho, ao centro daquele lugar.

Em determinado momento, o chão começou a tremer, mas ninguém se dava conta disso. Do solo emanava um brilho discreto, no início, a ponto de iluminar todo o lugar. Eu pude ver como aqueles morcegos voaram para um dos cantos e armaram com suas asas uma grande couraça para evitar que a luz alcançasse seus olhos.

Um canto feminino suave começou a ecoar pelo ambiente; eu não sabia de onde vinha, mas não demorou muito para que todos nós começássemos a chorar de alegria, de paz e saudades. Muitos caíram ao chão, outros ficaram inconscientes e uns poucos começaram a brilhar cores brancas cristalinas. Esses eu vi se elevarem lentamente e se dirigirem ao centro do lugar, que tinha uma espécie de banco de areia onde se erguia um tipo de portal na cor lilás com uma pedra octogonal incrustada, de onde emanavam três cores, e em forma cilíndrica sua luz elevava-se além do teto do lugar. Ao redor da pedra, símbolos estranhos mudavam de cor quando cada um dos seres elevados se dirigia até a lâmina, que aparentemente os transportava a outro lugar.

Finalmente, ao redor daquela pedra apareceram dois homens de porte elegante e ar de cavaleiros medievais, com armaduras descomunais e espadas repletas de pedras brilhantes, capacetes azuis e dourados, e seus peitos traziam uma estrela de cinco pontas para a qual não se podia olhar fixamente. Eram os guardiões daqueles elementos ativados. Os defensores daquele lugar se mantiveram na entrada da cova, como se estivessem aguardando a partida desses seres.

Aos poucos, todos aqueles espíritos que brilharam foram desaparecendo dentro daquele cilindro que se elevava. Por último, um dos cavaleiros dirigiu sua espada até um dos guardiões e este, por sua vez, dirigiu seu fogo até o cavaleiro. "Aqui vai ter batalha", pensei de um jeito meio ignorante, mas o que aconteceu foi uma combinação de luzes que emanou da união desses dois guardiões e, como um raio, caiu com força sobre o banco de areia, apagando o portal. Em uma faísca tudo ficou escurecido de novo, tudo voltou à normalidade.

Um cheiro nojento invadiu o lugar. Do chão começaram a sair pequenas serpentes que mordiam nossos pés e o desespero tomou conta daquela fossa de martírios. Quanta dor sentir por Deus, de quanta culpa precisava livrar. Mas minha compreensão sobre o perdão era tão limitada, porque na Terra falavam que se entregar ao Criador era a solução para qualquer problema, mas não me ensinaram que a entrega, às vezes, é pelo amor, e outras, pela dor, como eu estava vivendo agora.

Já havia recebido umas dez picadas quando algo incomum aconteceu. Meu genital começou a estimular-se e dele saía um líquido espesso de cor roxa que ardia entre minhas pernas. O padecimento uma vez mais era grupal, centenas de pessoas gritavam apavoradas tentando matar os répteis, porém, à medida que crescia a violência dos desesperados, aumentavam as picaduras. Precavido, eu não fazia nenhum movimento com a agressão delas, ainda que o suplício interno carcomesse cada canto de meu corpo.

Por um longo tempo essas serpentes gastaram suas presas em nossos corpos. Então, em um estalar de dedos, desapareceram e toda a multidão sofredora entrou novamente em lamentação, e eu unido a ela.

"Quanto tempo mais estarei aqui?! Mereço a pior das coisas pelo que fiz, mas será que a Lei Imutável compreende quanta tristeza me causou a traição daquela mulher que tanto eu amava? Será que sou digno de ter carregado comigo a lei humana na Terra? Depois de tudo, de nada adiantou meu juramento à lei dos homens, porque eu mesmo violentei e sujei toda a minha vida por não me controlar nos momentos sensíveis. Eu queria mesmo ver tudo isso acabar, morrer de novo, voltar à vida, encontrar minhas filhas, pedir perdão, apagar tudo isso, esquecer-me de quem sou e ser o que ainda não consegui. Quero escapar deste lugar de alguma forma. Sim, haverá uma saída!", o desespero tomava conta de minha mente.

– Hahaha, você é um imbecil empedernido no desespero! – esbravejou um dos guardiões, seguindo uma chicotada no rosto com um laço de espinhos que machucou muito meus lábios.

– Isso é para que aprenda a calar seus pensamentos ruins. Não pense que não ouvimos você no silêncio, seu maldito. Estamos fartos de vocês, que não compreendem o valor real da vida e do equilíbrio da Lei.

– Desculpe, senhor, somente desejo retomar o tempo perdido – murmurei com vergonha.

– E agora está recolhendo esse tempo de novo, idiota, porém em pedaços seus, pedaços de sofrimento e aprendizado, para não faltar mais à Lei que lhe dá ordem na evolução. Aprenda com seu erro e espere. Agora, cale-se! – ordenou o guardião.

Fiquei calado em todos os sentidos e me sentia muito pesado, carregado de energias negativas. Havia momentos em que odiava muito André e Irma; em outros chorava por minhas filhas, mas também estava com saudades do Mestre João, a quem não ouvi com respeito e acabei dando valor a uma emoção fracassada e imatura, o que acabou por contaminar meus pensamentos com alimentos ruins para meu espírito.

Capítulo VIII

O Passado e Minha Purificação

Estávamos novamente na fila em espiral prestes a tirar a sorte para ver quem seria o próximo a partir. À medida que avançávamos, eu pensava que, por mais que tivesse passado muito tempo naquele lugar, quase não sentia nenhuma relação com o espaço, eu estava tão ausente quanto a própria luz.

Observei o que seria a entrada do lugar e vi um homem imponente, de terno e bastão. Os guardiões o saudavam com muito respeito e gestos estranhos com as mãos. Começaram a caminhar até o trono onde estava a pedra. Ao chegar lá, colocaram-se de um jeito que todos os observassem. O homem estendeu sua mão esquerda e, após fazer uma oração em uma língua esquisita, acendeu uma chama de cor vermelho-cristalina. Nesse instante comecei a sentir um calor forte no peito que parecia me queimar por dentro. Não aguantei e acabei no chão, contorcendo todo o meu corpo. Percebi que uma luz vermelha também começou a sair de mim em direção à chama do ser; ele lentamente caminhava em minha direção.

– Você por aqui, Julião?

– Sim, senhor – respondi surpreso.

– Vim buscá-lo. O tempo de recordar seu passado acabou neste lugar.

– Estou à sua disposição, senhor.

Então, o homem se virou para os guardiões e disse:

– Guardiões, vou levá-lo. Deixo algumas pedras que serão de utilidade para o altar de vocês, como agradecimento.

– Como desejar, companheiro. Tomara que sua decisão não seja em vão – um deles respondeu.

– Hahaha... Farei brilhar essa decisão, e ele voltará de outra forma. Até logo, guardiões.

Nesse instante, o homem me tomou pelo braço e, com um sinal com a mão direita, fez aparecer à nossa frente uma porta dourada que sustentava um símbolo de linhas vermelhas.

– Respire fundo, Julião, tente não ficar inconsciente com o que verá.

– Sim, senhor, não sei por que me inspira confiança tê-lo aqui.

– Hahaha... Advogado, você tem a bênção divina de possuir um mistério. É esse dom sagrado que traz você aqui, hoje.

– Desculpe, mas não sei do que está falando, somente sei que falhei e estou pagando por tudo isso.

– Isso já é um passo, Julião. O segundo é recordar todos os seus erros. Assim, agarre-se à sua fé e não a solte por nenhum pensamento, nem encha os olhos de lágrimas pelas imagens que vai ver. As oportunidades não devem passar quando choramos, mas, sim, quando abrimos bem os olhos do pensamento e o sorriso no coração.

Era maravilhosa a energia desse homem e, além da elegância de seu porte, era muito sábio. Respirei fundo, arregalei meus olhos e me preparei para o desconhecido. A porta se abriu e fomos tragados por um vendaval de muitas vozes, as quais me levaram por vezes ao desespero. Tentei me mover, mas apenas seguia caindo em um vazio, e a sensação era como a de uma segunda morte.

Após instantes, caí em um lugar e senti o corpo doer muito, fiquei quase paralisado e sem poder controlar meus pensamentos com tantas imagens de violência e morte. Que desesperador era tudo isso; quanta dor causava o erro humano. Levantei-me juntando forças, e o susto foi imenso ao me deparar com a cena mais atroz de minha vida. Vi nitidamente como André violentava sexualmente minhas filhas e como desfrutava com o sofrimento das duas em minha própria casa.

– Quanto o odeio, maldito! – gritei e tentei me atirar sobre ele na imagem.

Não pude conter as lágrimas e, gritando, tentei abraçar minhas filhas enquanto agonizavam ao chão. Quis pegá-las nos braços, mas não pude porque eram feitas de fumaça. Porém, foi possível sentir realmente a falta que me faziam. Tomado de raiva, levantei-me de novo e fui ao encontro do ser que mais me aborreceu em toda a minha existência. Cheguei à cozinha e avistei Irma lutando com ele, assim como as cordas e teias que o imbecil tinha utilizado para imobilizá-la. Também ouvi o que eles diziam:

– Você é imundo, André! – Irma gritou.

– E você minha maldita mulher!

– Nunca vou te perdoar! Não precisava matar minhas filhas.

– Não vai me dizer o que tenho de fazer, sua estúpida! Você já tem um imbecil como marido, que se deixa levar por seus conselhos inúteis. Comigo é diferente, você desfruta de um bom sexo e está à mercê de minhas ordens, e disso não vai negar que gosta!

– Vai apodrecer na escuridão, idiota!

– Não duvide disso, mas por enquanto vou desfrutar uma vez mais de você e de toda essa adrenalina que estou vivendo, hahaha!

André puxou-a pelos braços e a empurrou até a mesa. Bateu em seu rosto, arrancou sua roupa com uma força descomunal e estava prestes a abusar dela.

– Maldito! Você é culpado de tudo isso! Vou encontrá-lo e descarregar toda a minha ira, assassino e violador! – gritei, enquanto observava cena.

– Alto lá, Julião! De assassino não há nada de diferente em você, assim cale a boca e observe – disse o homem que me recolheu.

André então a arrastou para os fundos da casa. Nisso, Irma viu os corpos de suas filhas estirados na sala e gritou em choro profundo. André arrebentou a boca dela com um soco que a deixou atordoada.

– Viva você não é útil para mim! Eu a quero no inferno comigo – André praguejou, já acompanhado de três espíritos desajustados.

– Quem são esses imbecis? – perguntei irado ao meu guardião.

– São eternos inimigos de André – o homem respondeu.

– E que culpa tem minha esposa? – falei, impotente pela injustiça.

– A culpa de ter sido a mãe violenta que André teve em outra vida. Então, a Lei conduziu ao aprendizado esses espíritos que você vê, já que os três eram irmãs de André, que foram violentadas por ele injustamente. Ele mudou sua forma de ver a vida, após a violência da mãe, então todos aprenderão aqui.

– E minhas filhas? – falei indignado.

– Elas são o indevido no ajuste de contas com esses seres. Pagaram em vão, mas foram iluminadas pela pureza.

– Onde estão?! Quero vê-las!

– Fique tranquilo e recorde seus erros. Você nunca poderá entrar na luz, se estiver remoendo emoções e analfabeto em sabedoria. Muitas vezes, vocês humanos buscam um lugar nas esferas luminosas, mas não percebem que esse espaço começa dentro de cada um, nos bons pensamentos e nas emoções frutificadas no amor. Agora, olhe para a seguinte cena...

Eu me vi chegando com as mãos enegrecidas, partindo para cima de André, e como aqueles três espíritos se aproveitaram de meu estado emocional para me desequilibrar ainda mais, levando-me ao limite da ira com emanações escuras e sussurros aos meus ouvidos. Nisso descarreguei toda a minha raiva sobre o corpo de André, até finalmente lhe tirar a vida.

– Você merecia! – falei em voz alta.

Nesse momento, o guardião me pegou pelo pescoço e senti meu coração ser apertado por uma força.

– Como diz, Julião? Que merecia? Acredita que a justiça está em suas mãos débeis e em seu coração cego? Você acha que os ditames da vida podem ser determinados por um ser que nem sua própria vida soube conduzir? É por essa ignorância que a humanidade acrescenta escuridão à Criação; por essa ignorância que os corações nunca cicatrizam. Dói no coração, homem ignorante?

– Sim, senhor.

– Pois é a ignorância de seu coração que coloca fogo aos seus sentimentos, queimando a pouca emotividade sã que tem. Chega de estupidez, Julião! Estou aqui para exterminar seu lado ruim e levá-lo à redenção com o mistério que nosso Criador te concedeu.

– De acordo, guardião – falei, procurando me tranquilizar.

– Vamos, já começamos – ele me conduziu.

* * *

Em um estalar de dedos, o ambiente mudou e fomos parar em uma espécie de prisão, de novo na escuridão. Um ar frio e um cheiro nojento predominavam no ambiente. Vi que estava rodeado de inúmeros seres atados nos pés e nas mãos.

– O que é este lugar? – perguntei.

– Um calabouço igual a tantos outros que existem no embaixo.

– Para que viemos, senhor?

– Para recordar parte de seu passado e reintegrá-lo como aprendizado, Julião...

Fomos caminhando devagar entre os corpos caídos. Muitos gemiam de dor, ainda que seus corpos não tivessem feridas. Eram dores de emoções que sentiam, assim como eu. Senti tanta pena, tanta angústia transbordando na sensibilidade de meu coração, que não pude conter o choro. Caí ao chão e comecei a relembrar a estupidez que tinha cometido na matéria. Cada vez mais arrependido, pedi perdão a Deus por tantos equívocos. Quanta impotência ao saber que minhas mãos estavam sujas com a morte de minhas filhas, ainda que não tenha sido o autor principal desse ato horroroso.

– Pois é, Julião, despertar nas reações muitas vezes traz esses vendavais de arrependimento, e esse é o caminho para se redimir, assim como vai acontecer com André – comentou o guardião.

Então, ele apontou para um corpo disforme, com a pele carcomida e sobre o qual havia muitos bichos. Tentava se levantar em vão, porque a dor era maior que sua vontade. Cheguei a querer me lançar sobre ele e provocar ainda mais mal-estar, mas ao observá-lo bem de perto vi quanta ignorância e sofrimento havia em seus olhos.

– Veja onde venho encontrar você, André! Você se deu conta de como o tempo vem cobrar tudo?

– Sim, Julião! Não sabe quanto estou arrependido. Perdoe-me, por favor! – André disse, aos prantos.

– Não, André. Não busque meu perdão, busque assumir sua dor e tome consciência dela, porque nesse sofrimento está a diferença entre o que é ser conduzido por emoções doentias e caminhar com o coração fresco de tanta luz que entra pelos olhos de quem vê o Universo de outra forma, e não como você tem visto irracionalmente. Não posso perdoar o senhor, não sou eu quem deve fazê-lo – falei e dirigi o olhar ao guardião, que me orientou:

– Continue tentando, Julião. Quando você estiver preparado, voltarei.

– Não, senhor, espere...
– Me chame de Sete.
– Sete?
– Hahaha... Até logo – e o guardião desapareceu.

Aquele guardião, que acabara de me revelar ter o estranho nome "Sete", trazia com sua presença certa luz, uma espécie de azul-escuro com um toque de branco, mas agora que ele havia ido embora tudo tinha ficado mais escuro.

Eu não entendia o real motivo de ele ter me levado até esse lugar. No fim das contas, eu já não sentia raiva de André, acima de tudo ele era um farrapo que não tinha mais saída a não ser pagar pelos crimes cometidos.

– Psss, Julião, venha aqui, por favor! – André sussurrou.
– Fale-me, André.
– Ajude-me a levantar.
– Claro.

Peguei-o pelo braço e vi como tinha seus genitais dilacerados, além de muitas marcas de queimaduras pelo corpo. Enquanto eu o erguia, ele gemia de dor e chorava aos gritos, buscando alívio. Já de pé, encostado à parede daquele lugar, olhou-me fixamente e começou a sorrir. Eu o questionei:

– Por que está rindo?
– Por você, hahaha...
– Tem motivos?
– Sim, quando você me matou, libertou-me de muitos carmas. Afinal, você é o culpado pela morte de suas filhas.
– Como?
– Isso mesmo que ouviu! Você também colocou em sua balança todo o pesar que provoquei em sua mulher ao tentar assassiná-la porque ela já não sentia atração por você, hahaha...
– Pare, André. Não levará a nada levantar poeira de nosso passado. Afinal, a Lei de Deus é quem equilibra tudo.
– Shh!, não fale o nome dele aqui! Ninguém está amparado por Ele neste lugar, seu idiota. Se não percebeu, estamos nus, ao relento, expostos ao nosso destino.

– Olhe, idiota não sou, e a Lei habita em nossos olhos; da forma como você enxerga, a Lei observa também, porque são seus sentimentos que vão levá-lo ao banco da glória ou da perdição.

– Filosofando, advogado, hahaha... Foi assim que perdeu sua família, jogando frases sobre leis ao vento.

– Não foram ao vento, porque homens como você foram parar no fundo da prisão graças a isso.

– Sim, e agora estão aqui para se vingar de você!

– Estou à disposição de meu passado.

* * *

Encontrava-me tranquilo dentro daquele lugar tão inquieto. A paz que trazia em meu interior me ajudava a fazer uma análise mais lógica da situação. Não posso negar que havia um vulcão emocional pulsando em meu peito, o qual poderia explodir em pranto e descontrole a qualquer momento, mas não valia sujar o caminho que me levaria até minhas filhas, já que elas eram minha meta, meu objetivo de felicidade, agora. Continuei observando André, cada vez mais com pena e amor, afinal era um simples homem privado de atenção e conhecimento sobre a própria vida e destino.

– Que está olhando, seu idiota? Por acaso eu faço você lembrar de sua mulher? Hahaha... Você tinha de ter ouvido como ela gritava de prazer e dor. Tantas vezes ela o enganou, e tantas vezes eu apreciava suas filhas. Elas despertavam muito instinto. Não foi minha intenção tirar-lhes a vida, mas eram muito inquietas, sabe... hahaha.

– Como se atreve a falar assim de minhas filhas, maldito...

– Ora, o que acontece? Sua paz e harmonia podem ser abaladas com esse tipo de comentário? Vamos, advogado, solte essa ira travestida de calma; lembre-se de que sou aquele que destruiu sua família, tire-me a vida pela segunda vez e arranque logo essa dor de cima de mim!

– Não vale a pena – falei com raiva e lágrimas nos olhos.

– Pobre homem! Já começa a derramar lágrimas nessa cova de frouxos do destino, violadores da Lei e da matéria, exterminados da luz... Você está aqui entre nós, não para nos iluminar com seus sermões, mas, sim, porque é um de nós, outro ser imundo que sujou a

Terra. Sente-se e deleite-se em sua inutilidade como espírito. Assim, alguém da luz pode ouvi-lo e recebê-lo como bom charlatão, hahaha.

– Até pode haver razão em suas palavras, André. Sou um ser vil, inutilizado pelas provas pelas quais não passei, afogado em minhas emoções doentias que me levaram a tirar várias vidas por nada.

Então, olhei para o alto e gritei:

– Deus, Lei das Leis, imaculada justiça, coloco-me em alma e espírito à disposição de Seus veredictos. Faça de mim um instrumento de aprendizado para os outros, porque essa história dolorosa, entre tantas lágrimas, me trouxe muita sabedoria, como a que agora estou vivendo neste lugar.

– Aplausos para o poeta que caiu nas trevas! – falou um homem de grande porte físico, mas com a pele carcomida e uma espécie de tatuagem no braço esquerdo de um coração cravado por uma faca; sua mão direita segurava uma faca.

– Quem é você? – indaguei.

– Que importa quem sou eu, idiota? O que importa é que, por sua causa, todos nós temos contas a acertar! – ele zombou.

– Por que você teria de pagar pelos meus erros?

– Porque, ainda que não se importe, aqui nós somos um só corpo, já que viemos pelos mesmos erros. Não compreendo muito sobre isso, além de estar aqui já faz tempo. Mas, segundo os guardiões que vieram para nos "reajustar", como dizem, cada vez que alguém é penalizado pelo mesmo erro que cometemos e vem para cá, todos sentimos dor.

– Quem são esses guardiões?

– Quer investigar isso? – o grandalhão falou e se pôs à minha frente, quase encostando a cabeça na minha.

Senti um cheiro horrível e, ao olhá-lo nos olhos, veio à minha mente uma cena pavorosa: vi que ele era o chefe de uma casa de mulheres onde existia excessiva prostituição. Quanto choro e sofrimento. Ele abusava delas, e entre tantas mulheres também havia meninas indígenas e idosas; nenhuma passava ilesa. Sua violência rendeu inclusive abortos, e todos os fetos caídos naquele lugar eram jogados nos fundos da casa. E, quando uma delas já não era útil, ele a matava com facadas. Mas como era conhecido entre as autoridades por brindar-lhes com várias mulheres, nada falavam, só atiravam os corpos em um rio e sua vida profana continuava. Era temido por todas, até que um dia elas se rebelaram e incendiaram seu corpo. Ele sentiu na pele a dor que durante tantos anos causou.

    Essa visão fez todo o meu corpo vibrar, senti como se brotasse fogo de minha pele. Eu me afastei do brutamonte e quis correr, tentando me livrar dessa horrível sensação. Pensamentos ferviam em minha mente: "Pelo amor de Deus, por que tive de ver isso?! E essas mulheres, onde estarão? Onde está o abrigo para essas almas, meu Criador? Por que você permite que uma maçã podre apodreça todas as outras e aniquile a oportunidade de viver? Por que deixa que esses seres continuem matando na Terra? Como odeio esses idiotas".

    Aos poucos, meu corpo foi se acalmando daquele calor horrível, mas meu coração estava com tanta raiva daquele ser truculento, que corri até ele e me atirei sobre sua carcaça, a fim de expurgar todos aqueles sentimentos desde o dia em que mataram minhas filhas e destruíram minha família. Eu percebi quão vil e degradante era o instinto daquele homem. De minhas mãos, saíram luzes escuras que envolveram o rosto dele à medida que recebia pancadas, e aquelas chagas que trazia em seu corpo começaram a se abrir. Ele urrava de dor e, de certa forma, eu sentia prazer sabendo que ele estava pagando por toda a estupidez que cometeu. Por alguns instantes eu me esqueci de onde estava e somente enxergava seu rosto disforme e escutava os gritos de tantas meninas e mulheres que passaram por suas mãos.

    – Imundo idiota! Não me importa o que vão me fazer depois disso, mas você fez despertar em mim toda ira de injustiças! – eu esbravejei.

    Logo, uns seres se aproximaram e me arrancaram de cima do troglodita, antes que o rosto dele não passasse de carne dilacerada. Eles me bateram muito e me abusaram, ofenderam minhas filhas e gritaram coisas sobre meu fracasso como ser humano, denegrindo-me até o ponto de fazerem me sentir como se fosse um deles.

    É impossível mensurar a quantidade de pancadas que levei ou quantos seres me molestaram. Só sei que acabei esfarrapado, com o corpo machucado e completamente inconsciente. Quando acordei, ainda pouco lúcido, me mantive de olhos fechados para não ver aqueles corpos disformes que me deformaram por completo. Mesmo assim, continuava sendo atormentado por imagens e pensamentos incrustados em minha mente.

Quando recuperei de vez a lucidez, sentia muita dor. Consegui me levantar com muito esforço e manquei até um canto para me aconchegar e tentar fugir de todo o ambiente. Eu tinha ficado demente. Esqueci quem era, o que fazia ali, quem foram os que me levaram a esse estado de loucura e quem me havia trazido. Simplesmente sabia que eu era algo, mas sem identificação. Então, um dos tantos seres que me violentou se aproximou de mim e disse com ironia:

– Que lhe fizeram, infeliz? Não mais parafraseará como tanto fazia? Dê-nos um sermão de glória, que nos eleve na ilusão... Hahaha, agora entrou na realidade de calar a boca no momento certo. Não nos interessa a luz, mas, sim, que admita seus erros e se ofereça para ser julgado como você merece, idiota!

– Por que me julgam? – balbuciei.

– O quê? Agora você é inocente? – ele riu.

– Não sei do que está falando.

– Ah, não! Vamos ter de lembrar tudo de novo?! – ele zombou.

Outros se aproximaram, juntando-se a ele. Antes que qualquer coisa acontecesse a mim, ouviu-se um estrondo que os golpeou, afastando-os. Apareceu à minha frente uma espécie de espiral de fumaça branca, como uma constelação girando em sentido horário. Do centro daquele espiral saiu uma mão que me pegou pelo braço e me levou para dentro.

Senti ser transportado a outro lugar em uma velocidade bem grande. Não enxergava nada além de raios de luzes douradas e azuis. Comecei a me desvanecer até ficar completamente desacordado.

Capítulo IX

Recuperando a Essência

Um longo tempo deve ter passado até eu acordar. Percebi que estava em um lugar diferente, deitado em uma cama, dentro de um quarto em cujo teto havia vários símbolos nas cores verde, rosa e lilás. A meu lado, uma espécie de mesa sobre a qual estava uma jarra com água de cor celeste cristalina, e um anel no qual estava gravada a letra de um alfabeto que eu desconhecia. Ao longe eu ouvia cantos silábicos, harmoniosos e apaziguadores. Eu estava apreciando todos aqueles elementos que me cercavam, mas não conseguia compreender o que fazia nesse lugar. Tentei levantar e sair por uma porta que se encontrava em frente à cama, mas sentia o corpo tão fraco que não tinha forças sequer para mover as pernas.

"Que será isso que vivi e senti naquele lugar escuro? Foi só um pesadelo? E minhas filhas, onde estão? Onde está Irma quando eu preciso?", eu pensava. O atual cenário era bem estranho, embora de certa forma aconchegante. Cheguei à conclusão de que me encontrava em um hospital, mas do que padecia eu não sabia.

Ouvi passos e me pareceu que do outro lado da porta havia um grande corredor. A maçaneta girou e entrou um homem trajando um terno de cor brilhante. Sobre sua cabeça ascendia uma luz dourada, o que me fazia pensar ainda mais que estava em um sonho. Apesar da suposição, eu desfrutava daquele momento feliz.

– Bem-vindo, prezado Julião Maodei!

– Como vai o senhor? – respondi, meio sem entender como ele sabia meu nome.

– Chame-me de Fernando, sou o médico responsável por sua recuperação.

– Recuperar-me de quê, Fernando? – indaguei, ainda sem entender o que se passava.

– De sua perda de memória, do adormecimento de seus dons e do excesso de energia emocional que prejudicou suas conexões energéticas do coração.

– Meu Deus! Tudo isso aconteceu comigo, doutor?

– É uma longa história que será revelada na medida em que suas emoções se acomodarem ao seu discernimento. O importante é que comece a tomar consciência de si como espírito.

– Como espírito? Estou morto?

– Morto não é a palavra, Julião. Experimente utilizar essa reflexão dizendo: "Estou vivo, mas em outro tipo de vida".

– Lembro-me de ter lido livros sobre vida após a morte, mas tudo isso é muito fantasioso para ser real.

– A fantasia é uma fuga da realidade, acomodada dentro de outra própria realidade. Isto é tão real como aquilo que você sente, pensa ou como você é. A vida continua, assim como nascem flores todos os dias ou como os sorrisos que se multiplicam cada dia na Terra... Tudo se processa na multiplicação. Nosso amado Criador não cessa em suas criações, somos obras em constante evolução, adaptando-nos aos desígnios que esse Pai Maior impõe no Universo.

– Que interessante forma de ver a vida, doutor, aprecio sua sabedoria – respondi, interessado.

– Isso é algo que você traz bem dentro de si, por isso ouvir coisas assim terá um sabor doce como néctar para seu coração.

– Obrigado por suas palavras.

– Obrigado por ouvir e avançar em sua recuperação, amigo de fé. Agora, acompanhe-me à sala de reequilíbrio energético dos órgãos vitais.

– Sim, Fernando.

Com a ajuda do doutor, fui ganhando forças, consegui me levantar e pude dar uns primeiros passos. Era tão diferente o ar, a gravidade em geral, as cores do lugar. Saímos por um corredor extenso, ao longo do qual havia várias portas. Caminhamos em silêncio observando outros quartos. Alguns deles estavam com as portas abertas, e eu notei várias camas em paralelo e gente lamentando-se de dor, dormindo, chorando ou simplesmente em silêncio. Aquelas pessoas eram atendidas por enfermeiras que emanavam uma bela energia e deixavam uma espécie de fumaça rosa esbranquiçada. Uma delas veio até nós sorrindo com toda doçura do mundo e entregou ao doutor um frasco com uma espécie de cápsula colorida. Fernando sorriu e agradeceu pelo grande trabalho que havia feito para encontrar o objeto. Ela respondeu com outro sorriso e tomou-me a mão, dizendo:

– Que bom vê-lo aqui novamente, Julião, é uma honra conhecê-lo.

Fiquei meio atordoado com essa frase, mas me curvei em sinal de respeito a uma mulher tão equilibrada em energias.

Chegamos ao fim do corredor e paramos diante de uma porta. O médico fez uns movimentos, usando a mão direita, sobre sete pedras incrustadas naquela porta; elas brilharam tanto que meus olhos cegaram-se momentaneamente. Ouvia apenas vozes de crianças e muitas risadas. Fernando chamou minha atenção para algo novo:

– Julião, abra os olhos e observe a surpresa.

Quando abri os olhos, deparei-me com uma multidão de crianças, todas de branco, algumas na cama, outras correndo por todas as direções, brincando com borbulhas de luz feitas por mulheres de túnicas de cor amarela e rosa. Vi uma senhora de idade avançada carregando um cesto de laranjas, bananas e outras frutas que não reconheci. Nenhuma criança pegou as frutas para comer, mas, sim, formaram uma longa fila. A senhora passou por cima da própria cabeça as frutas e uma luz dourada recaiu sobre elas, deixando-as luminosas. As enfermeiras trouxeram copos e, de um jeito estranho, a mulher começou a retirar das frutas pontos de luz que começaram a entrar nos copos, enchendo-os com uma espécie de suco radiante. Outra mulher, muito jovem, de olhos azuis cristalinos e usando gorro, carregava uma cruz dourada. Ela se aproximou de mim com um dos copos cheio desse líquido.

– Tome, Julião, lhe fará muito bem.

– Obrigado, como sabe meu nome?

– É tão conhecido como sua história. Tenho fé que o doutor Fernando logo o ajudará a encontrar as respostas necessárias para continuar sua caminhada de evolução.

O médico interveio:

– Disso nem duvide, Zulma. Dentro de pouco tempo teremos visitas por causa dessa revelação – e sorriu para mim, brincando. – Agora beba, meu amigo, isso lhe dará muita vitalidade e lucidez.

Tomei vagarosamente e senti a bebida mais saborosa que tinha provado até então. Um frescor imediato tomou conta de todo o meu corpo, meus poros começaram a brilhar de luz dourada e minha pele mudou por completo; minha mente foi invadida de muitas ideias positivas e universalistas. Paz, união, fraternidade, amor, respeito e muitos outros valores. "Que elixir é esse?", eu me perguntava. Não passou muito tempo para que voltasse a meu estado normal, embora com outro ar, mais lucidez em meus movimentos e curiosidade sobre o que me cercava. O médico elogiou minhas reações:

– Opa! Realmente seu ânimo melhorou, Julião.

– Sim, Fernando – respondi –, realmente é instantâneo o resultado. O que é isso?

– É a essência da fruta. A energia que dá sabor, cor, cheiro e propriedades ao que se come na Terra. Aqui não se espreme nada, somente se retira de sua fonte primária a energia.

– Agora estou com vontade de fazer mais coisas! Saber quem sou, de onde venho, o que fiz de negativo e como posso reparar meus erros...

– Acompanhe-me, amigo, vamos ao meu consultório.

* * *

Várias pessoas sorriam para nós enquanto caminhávamos até o que seria o escritório principal. Havia inclusive rostos familiares, mas eu não tinha ideia de onde eram ou em que momento eu tinha conhecido aquelas pessoas; simplesmente as sentia parte de mim. Entramos em um salão, em cujas paredes estavam pendurados quadros luminosos; no teto, estrelas cintilantes pareciam ser parte de um céu estrelado; duas janelas davam para um belo jardim.

– Sente-se, por favor, Julião. Verei como está seu histórico de vida – pediu Fernando.

– Assim como estou, doutor, somente posso receber ordens. Ainda não tenho controle total sobre meu raciocínio, e minha emoção está à deriva das sensações.

Ao ler parte do que era uma espécie de livro, o médico me olhou fixamente. Sorriu para mim e acenou com a cabeça como se tivesse chegado a alguma conclusão. Apontou um dos trechos e me convidou a ler. Pude ver grandes títulos nessa folha: "Heranças espirituais nos campos da família, da sociedade, dos amigos e da humanidade"; "Transbordamentos racionais"; "Falhas na emoção"; "Nível de consciência"; "Autoconhecimento"; "Reações ativadas"; "Ações que alteraram o próprio destino ou o dos outros"... Alegria, lágrimas, surpresas, infelicidades – muitos foram os sentimentos que afloraram em mim ao ler esse resumo do que tinha feito na última vida em que me passei como advogado. Protetor da lei terrena, tão parcial diante da Lei Maior que criou a ordem universal em cada célula existente em cada planeta. Senti culpa por não ter assumido responsabilidades, impotente pelas ações realizadas, muita vergonha diante do Criador, que mesmo após eu ter cometido tantos crassos erros me conduziu até a senda, onde encontrei amigos maravilhosos, como o irmão Fernando, Zulma e os demais.

– Fernando, realmente fico sem palavras e com muita vontade de consertar meu destino e, por consequência, a vida daqueles que feri – eu disse esperançoso.

– Essa é a intenção de lhe mostrar tudo isso, Julião. Precisávamos conhecer suas reações, suas explosões emocionais. Até que se controlou bem com tanta notícia resumida do que você foi e do que é parte de você – o médico completou.

– Acho que já é hora, meu amigo Fernando. Que posso fazer para iniciar os trabalhos?

– Pois já iniciou, meu caro irmão.

E foi com esse ar de renovação e encaminhamento de meu entusiasmo, que fui absorvendo os conhecimentos e a sabedoria espalhados nesse hospital que sustentava toda uma zona de seres que tinham perdido a ordem emocional e racional. Trabalhava com os pensamentos focados em algum dia voltar a ver minha família e poder pedir perdão por tudo o que tinha provocado no passado sem que realmente ela merecesse. A saudade, às vezes, é como o ar que move a vela do barco das emoções; se não soubermos controlá-las, poderemos acabar no porto da tristeza.

Capítulo X

O Reencontro

Durante muito tempo permaneci auxiliando nos trabalhos do hospital. Alcancei uma posição muito importante e compromissada com os pacientes, dando a eles assessoria espiritual incondicional. Conheci inúmeros desequilíbrios mentais e emocionais que o ser humano pode adquirir ou criar, e as reações da massa em razão dessa falta de ordem. A não compreensão do próprio estado era capaz de deixar alguns espíritos enfermos prostrados na cama. Por vezes, recebiam como medicamento bálsamos trazidos por índios de porte vigoroso e olhar envolvente. Eu sempre os observava de longe; eles irradiavam uma luz imensa, a ponto de tirar muitos dos doentes da letargia.

Certo dia, o doutor Fernando mandou me chamar em seu escritório. Acabei com a terapia de um doente e comecei a caminhar pelo corredor. Meu coração palpitava muito, e, além de não saber o porquê da reunião, minha intuição me dizia que algo forte estava para acontecer.

– Com licença, doutor, em que posso ajudá-lo?

– Estimado Julião, recebi visitas oportunas e de muita honra neste lugar. Perguntaram-me por você e eu lhes falei de seu grande trabalho, de sua elevação espiritual e isso causou grande alegria, mas também certa preocupação porque houve fases de sua vida que ainda não resolveu.

– Sei disso, Fernando. Pensar nisso me entristece e essa porção amarga de meu coração não produz nada, então acho melhor anulá-la e dar toda a minha luz àqueles que precisam.

– Admiro muito sua entrega e busca por curar totalmente as feridas daqueles que lhe abrem o coração, mas pense: o que é trabalhar com uma ferida aberta, Julião? Pense em quão doloroso seria quando um paciente tocasse sua ferida com a própria experiência da vida dele. O que você faria, Julião? Filtraria a informação e, com orgulho, diria que está tudo bem? Não há dores que tenham de acabar, mas, sim, feridas que devem cicatrizar com os unguentos da ação.

– Então, o que devo fazer? – falei pensativo e com lágrimas nos olhos.

– Terá de tomar outros rumos, Julião. As portas deste hospital sempre ficarão abertas, mas você deve ter em mente que pode alçar novos horizontes e eles podem absorver você com o brilho e a energia que trazem. Por isso lhe digo que nos tenha sempre em seu coração e que as portas deste hospital ficarão sempre abertas para receber esse grande abraço que somente você sabe dar.

– Aonde irei, amado amigo? Quem poderá me receber com esse coração despreparado?

– Seres de luz que chegaram até aqui e me solicitaram ter você em uma dimensão um pouco inferior a essa, em prol daqueles que o ajudarão a sanar as feridas antes de virem até o hospital.

– Inferior? Ou seja, voltarei a lidar com energias densas novamente? Voltarei a ser aquele ser vil de antes? – retruquei, espantado.

– Veja aí um exemplo das feridas que precisa fechar, meu amigo. Há passados que já se extinguiram nas chamas da aprendizagem; há presentes que vivem no fogo da fé; e há futuros que o aguardam nos amanheceres da renovação. Tudo brilhará em seu momento. Lembre-se de que se, às vezes, sua vida anoitece, não importa quanta escuridão o cerque, olhe bem para cima porque as estrelas e as constelações são os muitos seres que sempre estarão com você.

Eu comecei a chorar copiosamente.

– Desculpe-me, Fernando, por apaziguar minhas emoções com lágrimas, mas é difícil conter tanta saudade que sentirei de vocês e do serviço de ajudar os irmãos mais necessitados daqui. Realmente isso faz perder a direção de meu coração.

– Sei da dor de que você fala, Julião. Mas, para me redimir disso, quero lhe dar uma surpresa de algumas pessoas que sabem de sua missão e o aceitam como tal, porque compreendem que não se fecha nenhuma porta a alguém pelo simples fato de este ir a outro lugar, e sim entendem que existem pontes para se chegar a outros seres que precisam de ajuda.

– Quem são? Ficaria encantado de conhecê-las.

– Acompanhe-me ao jardim, Julião.

* * *

Chegamos àquele espaço tão celestial, com rosas que emanavam flocos de luz e uma nascente que desaguava em um rio ao fundo do jardim. Do rio despontava um brilho cristalino como se fosse uma fonte inesgotável de luz. Por entre as árvores, duas colunas se uniam a uma porta de pedra similar ao mármore. Chegamos perto dessa porta e Fernando delicadamente deu um sopro contra ela, que lentamente se abriu. Afastamo-nos um pouco e então ele se virou para mim. Com lágrimas nos olhos e um sorriso de amor, ele me olhou fixamente. Eu não entendia o que estava acontecendo, mas meu coração palpitava cada vez mais forte. Em seguida, avistei duas figuras tão reluzentes que era difícil manter os olhos abertos. Elas caminharam a passos tranquilos em nossa direção. Luzes de mil cores e um imenso brilho saltaram de meus olhos. Por fim, eu compreendia qual era a surpresa que Fernando havia mencionado. Eram minhas filhas que chegavam depois de tanto tempo. Corri o mais rápido que pude até elas e caí de joelhos, chorando como nunca pela emoção e alegria de tê-las comigo novamente.

– Meus dois tesouros, pedaços de meu coração! Como vocês estão belas, quanta luz trazem consigo e quanto eu amo vocês! Não sabem quanta saudade sentia, quanta falta me fizeram esse tempo todo e quão órfão me sentia sem vocês... Por favor, não me abandonem porque a vida sem vocês é como uma rosa sem cheiro, um mar sem sal, um céu sem o claro azul. Vocês são a cor mais luminosa de minha emoção... – eu dizia entre muitas lágrimas de alegria.

– Nunca o abandonamos, papai! Nosso amor sempre o acompanhou, segurando sua mão, sofrendo e aprendendo com você. À medida que seu coração ia se dilacerando pelo destino que lhe serviu de aprendizagem, nós íamos juntando muito amor neste plano, para que na hora de estarmos frente a frente, em um abraço e em um "eu te amo", pudéssemos dar o que você merece, papai...

– Meu amores... como eu amo vocês!

E foi em um abraço que nos fundimos em luz. Observei como vários espíritos chegaram até nós sorrindo. Fechei os olhos e pude ver quantos erros tinha cometido em minha vida. De certa forma somente chegou o arrependimento, mas não a dor; o perdão tomou conta de meu peito, em vez do remorso da imaturidade. Finalmente, o amor se instalou em cada batimento e senti que muitos choros se estancaram em meu coração e lágrimas de tantos rostos começaram a secar. Houve a libertação de muitos espíritos mantidos presos a problemas que, por falta de consciência minha, tinham ficado apegados nas fossas das reações do destino.

Depois de um longo tempo nos soltamos e em meu corpo brilhava uma luz rosa e dourada. Sentia-me rejuvenescido, revigorado e com uma serenidade que há muito não pairava sobre mim. Aprendi naquele instante que só com amor poderia vencer um passado tão doloroso. Sem aquele abraço, sem aqueles tesouros que vieram para iluminar minha vida, era provável que o frio do passado mal resolvido pudesse congelar de novo meu coração. Mas isso, definitivamente, estava descartado.

– Sabem para onde irei, meus amores?

– Sim, papai. É um lugar dedicado a todas as pessoas que perderam o equilíbrio em suas vidas. São aqueles que precisam se reencaminhar na senda da busca pela liberdade espiritual; são aqueles que clamam pela justiça em seus momentos de penúria e falta de compreensão. É outro plano da vida, papai, e sobre isso temos aprendido muito. A vida não se limita somente ao seu dia a dia ou mesmo a uma única etapa. São milhares de fios de energia que nos unem com tantas pessoas e com tantos espíritos. A luz é extensa, papai, não bastaria apenas uma vida para conhecê-la por completo. Por isso lhe pedimos que aceite essa missão e tome as rédeas de seu destino a partir de agora.

– Com tanto amor e luz que me deram em tão pouco tempo, meus caminhos se iluminaram e já posso ver a silhueta do trajeto que me levará a ser um melhor instrumento do Criador, meus amores!

– Mais uma vitória para a luz! – interveio o doutor Fernando, sorrindo emocionado.

– Amamos você, papai, obrigada por voltar!

– Eu que as amo muito, minhas filhas, obrigado por terem acendido a chama do amor novamente em mim. Prometam-me que aparecerão sempre.

– Sim, papai! Sempre estaremos guiando suas mãos. Para que seu coração não desanime, nem seus pensamentos o levem à dor da compreensão.

Temendo de emoção, eu me virei para Fernando, aproximei-me e dos meus olhos e mãos emanavam luzes. Inconscientemente, fiz nascer uma bola de luz verde cristalina em minha mão direita, a qual coloquei no coração do doutor, e disse:

– Em sinal de todo o meu agradecimento e amor por você e sua equipe de trabalho espiritual, permita-me presentear essa energia que nasce de meu coração. Essa luz lhe permitirá gerar uma fonte inesgotável de cura para muitos espíritos. Basta plantá-la nesse jardim e terá uma nascente curadora a serviço de todos aqueles irmãos sedentos de discernimento.

– Que maravilhoso presente você me dá, estimado Julião!

– Isto não me pertence, amigo, sou simplesmente uma ponte que arrumou um presente do Altíssimo até este lugar, que merece mais do que mil nascentes de luz. São patrimônios do bem, uma das raízes da grande árvore denominada amor. Nunca deixem de nutrir essa árvore, já que, com seus gestos e caridade incondicional, o amor de vocês embeleza o jardim da criação.

Com um grande abraço nos despedimos, sabendo que o destino de cada um é como fios que se entrecruzam em uma extensa teia chamada vida. Sabia que não me separaria de minhas filhas; além do mais, elas nunca se afastaram de mim. Elas me sorriram à medida que eu imaginava quanta saudade sentiria, mas tinham a convicção de que jamais estaríamos distantes em energia.

– Sabe, papai, sempre estivemos orgulhosas de você, e agora mais que nunca. Assumirá um compromisso tão grande quanto sua capacidade. Temos certeza de que você honrará cada célula sua, vestindo os mistérios da Criação ao serviço de todos os seres.

– Sem ter ideia de onde irei, minhas filhas, sinto no peito um fogo incandescente de fé e amor, que precisa ser drenado pela caridade. Admiro a sabedoria que trazem, meus amores; vejo que vocês, ao chegar a esta dimensão, têm trabalhado em demasia por si e pelas muitas pessoas que precisam dessa potente energia que carregam.

– Sim, papai, temos extinguido muitos sofrimentos que trouxemos de nossa última vida, e com a pureza que obtivemos nos entregamos aos ditames da luz, para nela e por ela trabalhar com o amor que nos envolve e para o amor que nos acolhe.

– Acho que é hora de partir, meus amores.

– Sim, papai, as portas começaram a se abrir. Está na hora de iniciar outra jornada em sua vida.

– Deixem-me abraçá-las uma vez mais! Tanta saudade eu sentia de vocês.

– Nós também, papai, amamos você... Obrigada por seu amor.

Fernando me abraçou e me levou até a frente de uma porta entreaberta, a qual escondia uma espécie de luz lilás que brilhava e atraía. Demos um forte aperto de mão, olhei fixamente nos olhos dele e, com um grande "obrigado", escancarei a porta. Rapidamente fui puxado para dentro e me vi envolvido em pura luz, tanta que fiquei complemente cego durante o trajeto, mas algo me permitia sentir meu destino.

Capítulo XI

Consertando Passados

A uma velocidade vertiginosa, senti que passei por lugares conhecidos, cheiros e silhuetas familiares. Fiquei intrigado com o que aconteceria.

– Psiu!, mestre – uma voz grave e contundente falou comigo.

– Quem é você? Onde estou? – indaguei um pouco desnorteado.

– Respire profundo, que já chegamos.

Em uma profunda respiração, a luz começou a se dissipar e vi a figura de um homem de pele escura, com um cordão dourado atado na cintura, uma lâmina de ferro na mão direita e trajando uma batina preta com traços verdes. Emanava uma energia muito potente e atraente, tanto que comecei a sentir tonturas. No ambiente praticamente só havia escuridão, à exceção de uma pedra cristalina incrustada entre nós, no chão.

– Não se preocupe pelos sintomas, mestre, seu corpo se acostumará à medida que avançarmos nesse trajeto de seu próprio destino já percorrido.

– Desculpe-me a curiosidade, mas qual é seu nome? E sou mestre de quê, já que me dá essa denominação?

– Meu nome é Sete Encruzilhadas, e você é mestre de seu passado. Por isso que, com sua grande sabedoria a respeito das próprias ações, vamos juntar partes daquelas vidas que afetaram muitos corações e alteraram vários destinos.

– Nossa, estimado Sete Encruzilhadas, vejo que você será meu juiz e, com predisposição, estou às ordens dos ditames do Criador.

– Não, Julião, eu serei a testemunha do juiz que habita em seu coração, aquele que determinará se você é inocente, ao aceitar um passado e arrumar certas coisas, ou culpado, por não melhorar o futuro dos envolvidos no que você viveu em um período anterior. Segure minha mão, mestre, e feche os olhos.

Nesse momento, senti um calor intenso lentamente subindo por meus braços, chegando até minha cabeça, e de um jeito inesperado foram despertadas muitas lembranças de minha última vida, na qual abandonei minha família, priorizando as leis humanas mais que a felicidade de minhas filhas e esposa. Voltei a sentir uma dor imensa no peito quando vi o amante de minha esposa e assassino de minhas filhas. Várias vezes quis soltar a mão de Sete Encruzilhadas, mas ele segurou firme e disse:

– Não fuja, Julião, a covardia não vai apagar a coragem que nasce em seu peito, porque, se não assume as culpas, elas crescerão como raízes amargas em seu coração. Se não compreende os fatos, não poderá encontrar consolo nenhum em sua realidade ofuscada por um passado não perdoado. Desate essa dor com controle a fim de que ela não o controle em sua fingida serenidade, livre-se dela para compreender que tudo é passageiro, mas durará o tempo que você achar necessário.

Com a sábia reflexão desse irmão, consegui controlar melhor meus sentimentos, já que, por mais que tentasse compreender todas as traições de minha mulher ou os cinismos daquele que cheguei a considerar meu amigo, não suportava a imensa dor da impotência de não ter resolvido nem previsto tal situação em minha família.

Eu ficava com muita raiva ao ver uma fumaça vermelho-escura caindo sobre minhas filhas por causa do silencioso desejo despertado em André, o qual logo era descarregado com fúria sobre Irma.

– Não vou tentar compreender o que você quis me ensinar com isso, amado Criador. O que pretende me inculcar permitindo que infidelidades toquem as portas de meus ingênuos sentimentos? Por que permitiu que a impureza de um ser tão vil contaminasse a inocência de minhas filhas?

– É por isso que estou aqui, Julião, em representação dos desígnios da Lei Maior de Deus para, por meio de sua consciência e o respaldo da sabedoria que me foi outorgada nesses séculos, executar a Justiça Divina em todos os seres que se envolveram com você. Por isso eu reforço: precisa ter calma, porque bastarão três batidas nas portas das trevas para que caia na ilusão e no desequilíbrio emocional. E a única coisa que vai conseguir é voltar para o início de sua vida e ser consumido por tantas entidades negativas que anseiam sua queda. Então, reflita, Julião, mas sem se envolver com a história que já viveu. É como uma novela, da qual você faz parte somente em outro cenário, mas as reações do pensar e sentir não modificarão as ações dos personagens, que ao final de tudo querem lhe ensinar algo.

– Mas, por acaso, você não vê, Sete Encruzilhadas, o vazio que realmente era minha vida? E o que aconteceu com Irma? Onde está André e quem esteve por trás de tudo isso?

– Está equivocado, advogado. É aí que quero chegar e quem estava por trás de André.

– Como saberia disso?

– Refresque sua memória, Julião, aproveite que agora abriram seu passado para que você possa repará-lo.

Voltei à cena em que havia tirado a vida de André e fiquei surpreso por completo. Vários seres esfarrapados, de aparência negativa e com os olhos cheios de prazer e ódio, atiraram-se sobre meu corpo e sussurravam coisas em meu ouvido enquanto eu estava sobre André. Induziam-me a continuar mutilando-o com toda aquela raiva que tomava meu ser. Gargalhavam de mim e de tudo que estava acontecendo naquela casa.

Depois, retiraram-se por uma espécie de buraco negro que se abriu do lado do corpo do André, que foi levado em espírito, acorrentado e com o corpo carcomido pela dor. Todos desapareceram em um instante, deixando o ambiente em seu estado natural.

– Cuidado, Julião, você acaba de dar o primeiro golpe nas portas das trevas. Melhor respirar profundamente e relaxar seu coração ignorante, para que possamos avançar – Sete Encruzilhadas advertiu.

Respirei profundamente. Então comecei a ouvir gemidos de mulher, os gritos de minhas filhas e as gargalhadas trevosas de André. Rostos disformes apareciam à minha frente.

– Viu, Julião, isso acontece por causa de não controlar seus sentimentos.

– Ajude-me, quero deixar de ouvir isso! – eu pedi.

– Além de minhas palavras, não posso influenciá-lo. É você quem abre as portas das trevas. Pense em como suas filhas estão bem agora, em todo o caminho que percorreu para chegar até aqui e o que poderia fazer por outras almas para que não passem o mesmo que você.

Novamente respirei fundo e, acreditando nas palavras dele, consegui calar lentamente esses sons. Concentrei-me na lembrança que tinha do sorriso de minhas filhas. A paz novamente chegou e me senti aliviado.

– Que susto e desespero. Por instantes eu me senti nas esferas negativas.

– É assim, mestre. Basta um pensamento negativo para entrar em contato com vibrações densas. Não é necessariamente uma ação material, porque muitas vezes alguém pode chegar até as trevas primeiro pelo intangível, seja este algum tipo de sentimento ou pensamento. Continuemos! – falou, colocando sua mão direita na minha frente.

Voltamos às cenas de minha última vida. Eu estava absorvido pela morte de minhas filhas e, nas tantas vezes que fui invadido pelo desejo de matar Irma, tenho certeza de que estava sob influência de todas essas entidades que me cercavam cada vez mais nos momentos de desequilíbrio. No curto tempo em que perdi o rumo no trabalho, notei um filamento ou uma espécie de conexão com um dos espíritos que me obsidiava a toda hora. Ali entrei no holocausto de minha paciência e despejei minha ira sobre qualquer um que se encontrasse em meu caminho, causando a morte daquele homem no bar.

– O que é esse cordão, Sete Encruzilhadas?

– Olhe, Julião, tanto você, como qualquer ser que tenha passado por momentos difíceis e não soube se controlar ou se encontra em algum tipo de vício, com o tempo atrairá espíritos que tenham o mesmo sentimento, a mesma energia. E nessa lei de atração é onde ocorre uma conexão com tal energia ou entidade, e isso pode provocar descontrole em suas palavras e atos. Começa a ser influenciado a ponto de adquirir dupla personalidade ou falta de vontade própria, o que o leva às portas da expiação por meio da dor.

– E essa conexão está desaparecendo?

– Sim, você consertou parte de seus sentimentos, e com os tratamentos que lhe foram oferecidos no hospital você se desligou disso.

– Ou seja, Irma também possui?

– Sim.

– Tudo isso foi por uma injusta imaturidade minha. Eu não soube lidar com a morte de minhas filhas nem perdoar a traição de Irma. Fui entrando nesse lodo da ignorância e ira. Quanta vergonha sinto de Deus! – nesse momento gritei e desabei em prantos.

– Acalme-se, mestre, as situações que vivemos são como folhas brancas a serem escritas com a tinta da vontade. Se há escrito algo errado, corrija a história com o arrependimento, o perdão e o amor. De nada ajudará estar sempre em nó com os sentimentos, porque isso apenas lhe debilita a alma, tira seu brilho e a felicidade se oculta nas sombras do desapego.

– Como são reconfortantes suas palavras, Sete...

– Como é compreensivo seu coração, Julião... Acabemos com isso, por favor! – Sete Encruzilhadas riu.

– Prossigamos então... – eu também ri, meio sem jeito.

– Agora nos interessa levar cura à Terra, à matéria, ficando bem perto de Irma e dando-lhe a oportunidade divina de voltar a sentir felicidade.

– Sim, aceito e ofereço minha luz por completo, tudo para que ela se recupere logo.

– Feche os olhos, Julião, esvazie sua mente – pediu o guardião.

Um forte movimento em espiral descendente nos levou ao nosso destino. Depois de recuperar a visão e a estabilidade, senti um pouco de tontura por causa da viagem vertiginosa que acabáramos de fazer.

– Já vai se acostumar, Julião.

– Sim, já estou ficando precavido.

Estávamos naquilo que algum dia havia sido minha casa. Pelo que lembro, mudaram as cores das paredes, já não estavam pendurados nossos quadros de fotografias e paisagens, a cozinha estava descuidada e a lareira não era acesa havia muito tempo. O jardim estava completamente esquecido e o mato era alto. Meu antigo lar estava tão frio e decorado de tristeza. Fomos até o antigo quarto das meninas, agora onde se encontrava Irma. A cena que presenciei era aterradora para meu coração. Irma estava sentada em uma cadeira fumando e olhando a parede do lado esquerdo do quarto, perto da janela. As duas pernas totalmente carcomidas por causa do diabetes. Notei cicatrizes sob a blusa desfiada e suja; cabelo longo, unhas mal-arrumadas, a pele seca e o olhar perdido no imenso vazio de seu coração. Quanta tristeza e impotência eu sentia ao vê-la. Era um farrapo de mulher, e tudo isso aumentou graças à minha tentativa de matá-la.

— Julião, não viemos aqui para que você se sinta culpado. Sua culpa não curará as feridas dela neste momento — Sete falou rapidamente, vigiando cada sílaba que meus pensamentos ecoavam.

— Preciso que ela me veja, Sete. É possível isso?

— É possível. Mas já pensou como Irma reagiria ao vê-lo novamente? Você acha que isso nos ajudará?

— Estou certo que darei a ela um pouco de alívio, ainda que o susto seja inevitável.

Sete se aproximou de Irma e pousou as mãos sobre a cabeça dela, no que uma luz lilás em forma de fumaça se espalhou sobre seu crânio. Irma reagiu fisicamente e levou suas mãos à testa, esfregando o rosto como que estivesse com coceira. Pouco tempo depois, seu semblante mudou e eu pude observá-la mais lúcida. Nesse instante, fechou os olhos e ao abrir novamente me observou atônita, sem poder falar nada...

Eu me aproximei dela, sentei-me ao seu lado na cama, observando-a mais de perto, e disse a ela:

— Olá, querida Irma. Talvez isso lhe pareça anormal, mas cheguei para entregar-lhe minha luz e pedir perdão por todo o mal que lhe fiz antes de ter desaparecido desta Terra, em um ato de impotência e covardia. Já passou muito tempo, mas meu amor por você sempre está presente; tenho muito boas lembranças e com você vivi momentos muito lindos. A vida nos levou a caminhos de expiações por meio da dor, o que acabou nos separando por completo como família, mas tenho certeza de que seguimos tão unidos como um só coração ao corpo da eternidade. Neste lado da vida, saiba que nossas filhas estão bem. Elas estão cumprindo sua missão no Universo deste lado, no mundo espiritual, e brilham tanto quanto na Terra. Tomara que você me perdoe, meu eterno amor. Eu já soube perdoar todos os seus erros e compreendi que o Divino Criador faz as coisas de um jeito que muitas vezes nossa consciência não compreende, mas deve-se aceitar. Não pense que fiquei impune dos delitos que cometi, mas já paguei e, quem sabe, sigo pagando. Mas estou disposto e pronto para que a Lei molde meu espírito a fim de me tornar digno da evolução com você, como seres que possuem amor fora de todo remorso e dor, e com o Universo como uma parte a mais do mecanismo de Deus.

Irma me olhou completamente surpresa e, com lágrimas nos olhos, estendeu os braços pedindo um abraço. Fiz o mesmo, chorando de felicidade e saudade de uma mulher que, por mais que tenha ferido meu coração no passado, jamais deixou de estar presente no eco de meus sentimentos.

– Isso até parece um castigo de Deus, Julião, pela dor lancinante que lhe causei. Eu posso dar meu perdão, mas jamais vou me perdoar pela morte de minhas filhas por causa de uma traição que cometi. Brinquei com seus sentimentos cegamente.

– Ninguém brincou, Irma, somente erramos e com a dor aprendemos. Não lhe peço agora que se perdoe, mas isso será necessário quanto antes para que nossas filhas possam seguir em seu voo. Dores como essa são âncoras nos ombros delas que não as deixam livres por completo, já que a felicidade delas habita em você, como mãe que é. Deus não castiga, Irma; são reações de suas ações que mancham seu destino. Deus é a tela na qual você pinta seus atos, por isso vai parecer injusta a vida, quando, na realidade, foi injusto seu movimento neste universo que precisa de você do jeito que você é.

– Que sábio você é, Julião, sempre foi...

– Se sempre fui assim é porque você foi minha fonte de inspiração. Ainda a amo, Irma.

– Eu também, Julião.

Dentro de um abraço forte, uma luz dourada surgiu do alto, inundando nosso encontro de cor e trazendo tanto alívio a esse passado malresolvido até agora. De meu peito saiu uma luz azul que a envolveu, limpando completamente tanto o corpo físico de Irma quanto a residência, percorrendo o ambiente como um vendaval.

– Muito bem, Julião, recompor seu passado dinamiza o presente e altera o futuro. Então, continuemos para que possamos compreender um pouco mais o trecho de sua história denominada vida.

– Está bem, Sete! Porque esse é meu desejo e agradeço sua sagrada ajuda.

Antes de partir, sorri para Irma pela última vez, e ela retribuiu dizendo que em breve nos encontraríamos. Nisso, Sete pegou minha mão e, elevando o olhar, desaparecemos no brilho de uma luz branca.

Capítulo XII

Unindo Vidas, Relacionando Passos

De volta ao mundo espiritual, eu sentia uma felicidade imensa. Porém, esta se acabaria lentamente, já que o trabalho de reparar meus erros ainda não terminara.

– Julião, isso pode ter parecido maravilhoso, mas você não consumiu nem a metade de sua luz e há muito para fazer, reparando a vida das pessoas que tenha assassinado.

– Minha vida está em suas mãos, Sete! Somente me instrua como dar de mim tudo o que seja necessário para livrar aqueles irmãos das fossas em que os coloquei.

– Não se culpe, Julião, a Lei Maior é uma obra em perfeita sincronia com o destino de cada ser, e nessa combinação a Justiça Divina se faz presente, sendo a porção principal da adaptação que sua consciência deve passar como espírito em aprendizado.

– Que palavras, Sete... tão elevadas!

– Essas reflexões, Julião, cobram vida nas pessoas que deixam abertas as portas da humildade e simplicidade ante a Criação infinita.

Depois de um silêncio, a energia de Sete começou a ser trocada, e o ambiente ficou denso a ponto de eu me sentir muito pesado e ficar de joelhos. Aquela luz clara se descortinando pouco a pouco em uma noite preciosa naquele lugar. Estávamos em um campo aberto com o céu estrelado, muito mais incrível que o da Terra. Toda essa paisagem era bela, mas aquela densidade continuava.

– Sete, o que acontece?!

– Estamos descendendo a outras faixas vibratórias, ou, para que compreenda melhor, por lei de semelhança e atração, os seres em geral formam grupos que vibram certo tipo de energia e sintonia. Enquanto alguns estudam algo específico, outros se reúnem para compartilhar vícios em comum, e assim cada pessoa encontra o que vibra. É por isso que estamos indo a um lugar no qual vibram vícios de álcool, e muitos espíritos unidos por essa doença desencarnaram nesses lugares, onde muitos seguem carregando os vícios e outros clamam para sair dali.

– Compreendo – respondi pensativo.

Caminhamos lentamente por aquele lugar. Havia um profundo silêncio; nada se ouvia além de nossa respiração. Eu avistava serras ao longe e árvores que brilhavam como vaga-lumes abraçados por uma rama. A grama se transformava em pura luz cor verde-esmeralda e subia por meus pés como raízes, o que me dava a sensação de calma e limpeza.

– Isso, Julião, são partes da maravilhosa natureza que os seres humanos não apreciam, embora estejam aos pés deles para seu benefício. Todo vegetal carrega mistérios da Criação que trazem em sua essência curas para o espírito. Basta falar com eles para obter benefícios. O verbo divino se esconde em cada átomo que compõe o Universo, e está em cada ser unir-se a cada verbo, a essa ação com suas próprias palavras para trazer a construção ou destruição; tudo depende do que se tenha pedido.

Fiquei impressionado e pensando nessas profundas palavras. Toda essa maravilha não pode ser enxergada na Terra, mas de certa maneira está ali disponível para nós, que levamos na maior parte de nosso ser a genética divina, que é a vida em suas diferentes manifestações.

* * *

Muito tempo já havia passado, e as estrelas brilhavam cada vez menos, assim como a vegetação. Uma sonolência tomou conta de mim e eu me senti muito cansado. Caí ao chão e meu peito explodiu de dor.

– Sete, o que acontece!? Por Deus, quanta dor!

— Desde que partimos, você foi doando energia e recebendo a dor que sentem as pessoas as quais magoou. É nessa réplica que a empatia chega a seu coração, pois de outro jeito não teria progresso sua purificação.

— Mas dói demais, Sete... Ahhh! — Comecei a chorar e gritar de dor, era abismal aquela angústia; pareciam os antigos sentimentos de querer fugir para qualquer lugar; não saber onde é nem o porquê dessa dor lancinante no peito.

Sete sentou-se a meu lado e ficou um longo tempo observando como eu me contorcia de dor. Eu, por outro lado, ia recebendo centenas de imagens em minha mente. Relembrei a morte das pessoas que assassinei. E tudo o que elas tinham por trás de sua última vida: família, filhos, amizades, erros, danos, fracassos. Tudo isso se potencializava em meus sentimentos e fazia que cada vez mais eu me odiasse por ter me comprometido de um jeito inconsciente com essas vidas. Sim, tinha matado, então tinha de recompensá-las pelo que lhes tirei em razão do desequilíbrio daquele momento. Tudo é um ciclo de ações e reações que levam à sabedoria, a qual é um dos unguentos para livrar-se dessa dor. Amaldiçoei uma e outra vez a cada uma daquelas pessoas e finalmente meus sentimentos de dor e raiva transbordaram.

— Que acontece, Julião, por acaso não aguenta sua responsabilidade? Rebaixar-se à ignorância vai lhe trazer luz?

— É fácil falar, Sete! Você não sente como isso queima!

— Olha, eu senti isso uma ou outra vez ao longo de muitos séculos. Você nem imagina toda a dor que causei a povos inteiros, então é melhor que feche a boca e se concentre em sua mente e nos seus sentimentos, do contrário só vai se sujar ainda mais.

— Perdoe-me, senhor da sabedoria, às vezes eu me esqueço de que tenho um grande mestre a meu lado.

— Não sou seu mestre, Julião, sou seu executor.

— Como assim? Agora alguém pode morrer duas vezes?

— Não, mas pode sentir a morte das próprias virtudes ou de vícios e negatividades.

— Bom, seja o que for, está me apodrecendo por dentro, senhor executor!

– Chega de sarcasmos, Julião! Não cave mais fundo o poço das suas desgraças e ignorância, pois pode ser que alcance profundidades onde só a ilusão o acompanhará.

Eu gritei de dor novamente. Senti como se cravassem facas em meu corpo, movimentando meu órgãos com violência. Eu chorava enquanto me contraía de dor.

Comecei a ouvir gargalhadas desagradáveis, gritos, lamentos e barulho de ferros se chocando; senti um cheiro de umidade, lixo e carne podre. Tudo se transformava em um instante e minha história dava voltas novamente. Percebi passos e vi pés que se arrastavam em minha direção. Abri um pouco os olhos e enxerguei pés repugnantes e disformes; essa foi uma das poucas vezes em que senti o medo me invadir de novo. Procurei Sete, mas ele já não estava ali. Os seres se aproximaram de mim e um deles me levantou; pegou-me pela camisa e me olhou fixamente nos olhos. Era difícil para mim olhar aquele rosto disforme de olhos bem negros e pele ensanguentada.

– Olhe, idiota, não viemos ficar refletindo sobre a vida ou lhe dizer palavras de vitalidade. Sua vida é nossa agora, hahaha... vamos retirar todas as asperezas que causaram toda essa imaturidade tanto em sua vida como na dos demais. Não imagina quanta desordem suas simples ações ocasionaram.

– Senhor, por favor, me perdoe; eu assumo que devo cumprir minha sentença, mas que Deus tenha piedade de minha alma.

– Basta de palavras doces, maldito, e não pronuncie o nome d'Ele aqui! Quando você diz isso, mais seres vão querer vir engolir sua fé pela carência que sentem.

– Não entendo, senhor.

– Muitos gritam o nome de Deus em seus distintos idiomas e línguas, todos arrependidos de seus erros e desesperados por sair daqui. Mas todos se calam no mesmo instante, porque, assim como muitos buscam n'Ele apoio, outros tantos se aborrecem porque nunca conseguiram sair da escuridão. Então, dedicam suas vidas às trevas e se ocultam de toda luz enquanto flagelam almas como pena por terem prejudicado a vida de alguém no plano físico. O ódio se multiplica em cada ação errada, seu idiota, e os humanos não percebem que são donos do lixo que existe aqui embaixo.

Não houve outra saída a não ser cessar qualquer pensamento ou sentimento e me converter em uma rocha, ou seria o alvo desse tipo de seres. Esse silêncio que tinha de praticar envenenaria minha alma, mas me livrar dele imposto pela raiva destruiria meu espírito pouco a pouco.

* * *

Por fim, avistei Sete chegando, arrumando seu paletó. Ele olhou os seres que estavam perto de mim. Nenhum deles o cumprimentou, mas abriram espaço para que se aproximasse.

– Bem, Julião. É hora de passar para a etapa de descarrego. Paciência, silêncio e respeito é o que eu recomendo. Nas trevas, você não passará de um molambo, mas será lá que ou se limpará por meio da dor, ou se sujará mais ainda e ficará trabalhando definitivamente para a escuridão. Nada posso fazer para impedir, a não ser o alertar.

Nesse instante, Sete ergueu seu braço e uma luz brilhante atingiu o membro, transformando-o em uma espada luminosa com a qual ele abriu o chão como se fosse uma porta. Escutei o assovio do vento, senti um frio subir por todo o meu corpo e o medo se fez presente novamente.

– Chegou a hora de testá-lo, maldito, hahaha! – gritou um ser, que me agarrou pelo pescoço.

Caímos os dois naquele vazio e comecei a gritar como nunca antes. A sensação na descida era agonizante, aterradora na tristeza; uma escuridão total. Sentia braços me tocando o corpo, línguas se esfregando em meu rosto, muitos amaldiçoando meu nome. Tudo isso se misturava com a ilusão, já que também ouvia o choro forte de minhas filhas, gargalhadas de André e gritos de Irma. Quanta confusão, quanto desequilíbrio! Eu estava perdido na loucura de meus sentimentos, e minha única saída era a resignação. Lentamente, eu sentia nascer certa demência em mim. E o pior de tudo era que estava apenas começando. Não tenho ideia de quanto tempo durou a queda. Minha única referência como final dessa viagem foi o forte golpe que me tirou a consciência quando toquei o chão úmido e malcheiroso.

Capítulo XIII

Conhecendo as Trevas

Acordei com grande mal-estar e tontura, entre um monte de corpos dilacerados. Tomei um susto e rapidamente me levantei pisando algumas costas e cabeças. Fiquei pasmo com tudo o que estava vendo: um grande calabouço sem fim, com umas poucas tochas penduradas nas paredes; centenas de seres estirados no chão de olhos abertos e perdidos, alguns gemendo de dor, outros amaldiçoando nomes, e alguns poucos corriam tentando se livrar de algumas raposas com dentes grandes e afiados, que devoravam a pele desses espíritos.

Eu estava realmente perdido ali, não sabia o que fazer. Meu destino se encontrava no meio do mar, à deriva nas trevas, sem o timão de minha consciência e com a âncora do medo e da impotência. Todo o meu corpo sentia frio, brotava uma dor imensa de aflição, e isso me levou a chorar por todo o mal que fiz à vida dos outros e à minha. Relembrei más decisões, minhas vinganças, orgulho e tirania, assim como as dores que me causaram fraqueza por não encontrar explicações pela morte de minhas filhas e a traição de minha mulher.

– Por que Deus? Por que tive de destruir meu destino com tanta maldade e desequilíbrio? Realmente mereço esse sofrimento, não sou digno de toda a Sua grandeza; sinto que falhei como nenhum filho o fez – eu murmurava.

Então, enxerguei uma mulher de corpo e rosto desfigurados e um cheiro de putrefação. Ela me questionou:

– Quão grande é sua falta com o Alto, homem? Quão longe você está do discernimento, se, por mais remorso que guarde, tem palavras tão belas neste lugar que deforma nosso ser e deixa nosso destino sem forma? Você não vê que sua chama de fé não extinguiu, e que isso é o que faz com que a Lei de Deus tenha pena de sua alma e o resgate daqui?

– Não mereço nada, depois de ter assassinado pessoas por uma causa injusta, por um impulso de meu instinto, de minha emoção analfabeta que não se conteve.

– Todos cometemos atrocidades, mas aonde levará pensar nisso? Olhe, eu levei muito tempo me lamentando de todo o mal que eu fiz para minha família. De castigo, amarrei minhas filhas em árvores por não terem terminado os deveres da casa; atormentei meu marido com muita infidelidade; violentei um de meus filhos quando um desejo doentio tomou conta de mim; assassinei várias mulheres que tentaram roubar alguns de meus amantes que não conseguiam apagar o fogo dessa paixão instintiva, a qual me levou à demência sexual. Você nem imagina o que realmente é o pior aqui. O único conselho que lhe dou é: cuide de suas costas; esconda-se, pois espíritos estarão atrás de você para dar o mesmo que você ofereceu de maneira injusta aos outros. Se machucou, vão machucá-lo; se humilhou, vão humilhá-lo. Se mentiu, vão lhe vender ilusões e ignorância. Tudo está feito à semelhança de seus atos, a diferença é que a dor aumenta muito mais porque nós mesmos a vivemos.

Fiquei observando-a pensativo, quando uns seres começaram a correr em nossa direção. Na penumbra, somente pude distinguir corpos disformes, de dentes afiados e olhos afogados em uma escuridão profunda. Meu corpo sentiu um calafrio intenso quando um deles parou perto de mim e fungou muito forte em meu ouvido. Com uma voz grave e penetrante, ele disse:

– Que acontece, Julião, você esperava rosas deste lado? Você fez tanto dano, seu maldito, que tenho um desejo imenso de arrebentar todo o seu corpo a golpes e deformá-lo por completo, para que compreenda o verdadeiro valor da dor que causou por tentar fugir naquele momento em que sua família foi violentada. Ah! Lembro-me de como sua mulher gemia de prazer e suas filhas ouviam tudo. Aquele dia em que o outro maldito matou suas filhas, sua mulher também ouvia o prazer daquele idiota que estuprou suas meninas. Tanto assim que o prazer dele as assassinou, e todos nós gememos com ele. E você, seu inútil, chegando como o homem bom de família que trazia o pão para casa... Mas se esquecia de cuidar da chama da paixão e, por isso, outro idiota chegou e lhes deu calor com sexo e promessas falsas que as fizeram sentir a presença do homem que precisavam... Hahaha!

Minha impotência tomou total controle de minha consciência. Caí ao chão gritando meus lamentos, enquanto o ser seguia relembrando etapas de minha vida e enfatizando os detalhes de meus atos.

– Você é tão estúpido que se rebaixou ao nível de seres desequilibrados naquele bar. Nada mais, nada menos que o defensor da lei e da justiça, hahaha... Um pobre maldito que impunha respeito com suas palavras, mas não se preocupava em aquecer a própria casa. Companheiros! Aqui temos outro homem que desfrutaria de nosso prazer e sentiria o que é calor de verdade, hahaha... – o ser gritava ao grupo, que perseguia a mulher que havia falado comigo.

– Olhe isso! Um corpo bem fresquinho para ensinar, hahaha... – falou outro espírito, ainda mais macabro e malcheiroso.

E ali começou meu sofrimento maior. Cada um deles me violentou, mastigou meu corpo, bateu-me, levando-me à humilhação, indignação e demência... Meu corpo e minha dignidade ficaram estraçalhados naquele chão frio, enquanto eles se retiravam cuspindo sobre o que restava de mim.

* * *

Após um tempo imensurável desmaiado, acordei com o olhar perdido. Não conseguia ficar de pé, somente me arrastrava por aquele vale, com o medo carregado nos olhos. Tudo me assustava, não podia sequer ouvir as vozes e lamentos do lugar; eu me unia àqueles espíritos com meus gritos e gemidos de dor, pedindo socorro e fitando a escuridão. Começava a pensar que Deus realmente havia se esquecido de mim porque me converteu em um corpo destruído, sem luz nem utilidade. Quanta tristeza preencheu minha mente; arrependimento era o que me alimentava e corroía.

A cabeça dava voltas. Arranjei forças e tentei recuperar um pouco o controle de meu corpo para, pelo menos, ficar sentado. À minha direita estava um grupo de homens vestidos com túnicas em azul-escuro, facas à cintura e segurando tochas. Deles emanava uma discreta bola de luz, como se fosse uma mesma aura energética, e, observando-os, eu sentia respeito e muito medo. Vi que seguiam em minha direção e tentei sair do caminho, como faziam os demais. Mas só conseguia rastejar, porque minhas pernas estavam intumescidas de tanta dor.

— Aonde vai, seu idiota? Não está vendo que estamos indo em sua direção? — gritou um dos que estava no grupo.

— Por favor, não quero mais castigo! Sofri muito, já aprendi a lição e lhes suplico que não façam mais nada comigo... — exclamei chorando.

— Hahaha... castigo, sofrimento, lição... Vejo que compreendeu o valor de estar neste lugar, seu idiota, enquanto a maioria se lamenta, esquece-se de que não está aqui para ser castigada e abusada, mas, sim, para compreender que a dor que causaram aos outros pode ter tanta empatia com a pele daqueles que castigaram com injusta razão. Por acaso você pensa que ao assassinar uma pessoa não recebe como recompensa parte do carma dela? Ou tirar vidas é um lazer seu? E sua lei não lhe ensinava o valor da vida? Não, você deixou que a emoção governasse seu destino, e isso o levou ao fracasso como ser humano! Nunca parou para raciocinar realmente. Só se lamentou e condenou, levando a dor à vingança por não saber calar o coração. Foi tatuando em sua memória rostos doloridos e se sentindo indiferente à lástima alheia, mas se fez de vítima e achou consolo só para a própria dor. Um idiota e egoísta que brincou de ser defensor das leis do homem, hahaha... Não merece nada de respeito porque não soube respeitar, e aqui aprenderá o valor que deixou na Terra por culpa da própria imaturidade!

E mais uma vez fiquei impotente, sem nada dizer a respeito, depois de ouvir tantas verdades de um guardião. Notando minha fraqueza, ele me ameaçou:

— Isso mesmo! Você não tem argumento, mas minha faca tem motivos para afundar em seu corpo e relembrar dores alheias!

— Quem é o senhor? — eu perguntei, apático.

— Sou aquele que o vai executar, seu idiota, e vim levá-lo desta lixeira para outra mais... privativa, hahaha... Ah, por minha própria decisão eu jamais o recolheria, você é um insignificante lixo neste lugar, mas só estou retribuindo um favor.

— Mas para quem eu seria importante, se não tenho valor para nada, senhor?

— Alguém da luz intercedeu por você. Isso é o que sei. Vamos, idiota!

O guardião me pegou pela cabeça com sua mão grande e fria e saiu me arrastando, enquanto os demais espíritos me observavam e eu sentia mais dor. Meu corpo se arrepiava de medo à medida que avançávamos e eu via as silhuetas daquela fossa desaparecendo, ficando só perceptível a cor roxeada do grupo que conduzia.

* * *

Paramos em um lugar onde não dava para enxergar nada. Lançaram meu corpo contra umas vigas cortantes que arranharam meus braços e minhas pernas, e caí brutalmente ao chão. Comecei a ouvir lamentos de novo, mas agora os sons eram piores. Chicotadas, correntes de ferro, espadas se chocando, corpos espremidos. Tudo era tão opressor e traumático, só havia escuridão e dor. Podia ver olhos vermelhos percorrendo o ambiente. Implorava em silêncio para que não chegassem até aonde eu estava. Nem orações eu podia fazer, já que meus pensamentos ecoavam na mente daqueles seres. Eu era um escravo absoluto do silêncio, um pedaço de corpo que não sentia nem pensava. Passei muito tempo com essa atitude, que dava resultados, porque ajudou que eu acalmasse minha dor. Mas isso duraria pouco, porque, apesar de ter aprendido a arte de me calar por inteiro, a Lei Maior tinha colocado marcas em meu corpo que delatavam que eu era um ser em dívida com os ditames da mesma. Então, no meio de meu peito apareceu um signo que me queimava a pele e se convertia em uma marca em tons incandescentes de laranja e amarelo. Era inevitável gritar ou pensar nele; comecei a chorar e pedir que me tirassem aquilo, que esfriassem meu corpo.

A dor lancinante parece que foi o sinal para que o guardião, por quem eu era esperado, me encontrasse:

— Aqui está o maldito! Hahaha, você acreditava que os donos da casa poderiam desviar a atenção de você? Sequer percebeu que para aqueles seres de olhos vermelhos você era visível, mas tão pouco atrativo que o ignoraram e perderam o interesse por você, seu idiota. Olhe o repugnante em que se converteu, você fede a carne podre, há feridas sem tratar, as mãos são disformes e nem pode ficar em pé porque se atrofiou no silêncio, tentando se ocultar dos olhos da Lei

Maior que habita em seu silêncio, em seus pensamentos, em seus olhos.

– Senhor, aqui está o lixo que buscava!

– Não foi difícil o encontrar, idiota, já que instalou em si mesmo um rastreador no dia em que cometeu os erros diante dos olhos do Criador.

Foi quando gritei em desespero:

– Vocês falam do Criador, de Deus e cometem essas atrocidades! – em resposta recebi um forte golpe nos lábios, que o rasgou.

– Você não é digno de pronunciar o nome dele aqui embaixo. Você está tão sujo como nós, a diferença é que compreendemos os desígnios que o Criador tem para os que faltam com a Lei Imutável. Vocês, humanos, sempre tentam justificar as trevas como lugares que só servem para se lamentar o resto da vida e que nada têm para aprender aqui. Só acham que é para ficar queimando no inferno para sempre, hahaha... Você está vendo fogo aqui? Está vendo alguém com chifres e rabo? Hahaha... Isso são miragens que os ilusionistas da fé vendem na Terra. Aqui vocês sempre encontrarão sua dor personificada naqueles que os executam. Vocês mesmos elegem as armas com as quais serão castigados, porque, se outrora não souberam aprender as lições com amor, aqui lhes toca compreender seu passado com a dor que ensina de duas formas: uma má e a outra má também, hahaha... Em cada uma das mãos o ser humano segura uma pá e uma grande escada sem fim. Como é mais difícil subir que cavar, terminam fazendo fossas com os erros que cometem na Terra, rastejando-se lentamente até o lugar onde lhes tocará viver. As emoções de vocês são a bússola de seus destinos, e seus pensamentos são paisagens ilusórias do desejo. Nada escapa do mundo espiritual. Onde há um sentimento há energia, uma presença espiritual. Ou vocês acham que o mundo é feito apenas de matéria? Hahaha, pobres iludidos. Saiba que vivemos em paralelo a muitas criações, mas vocês consideram a Terra como o centro do Universo, já que essa é a única forma de se situar em um ponto de referência, mas não é assim não. Você percebe a abundância de ignorância que predomina em seu mundo, seu idiota? Milhões de seres tentam fugir dos olhos da Lei Maior, mas nem sabem que a mesma habita em cada batida do coração e que, na hora da morte, ela se apresenta na balança da Justiça Divina que delata quão pesado é o saco de suas falhas? E ali estamos nós para executar com fervor os desígnios do equilíbrio energético da Justiça do Criador. Use a razão, seu idiota. Vai deixar que comam suas filhas em um prato sujo, cheio de terra e porcarias? Vai deixar que elas se deitem em uma cama molhada como uma poça e cheia de vidros que cortariam suas peles? Claro que não! E assim é você lá em cima nesses momentos de imundície de seu espírito. Para o Criador, você continua sendo algo útil, mas não para alimentar aos demais ou ser um descanso para alguém. Você é um prato sujo e uma cama molhada e fria. De que serviria no alto, cuja casa é sempre limpa? Aqui é o lavatório dos lamentos e das dores, aqui é tanto onde ou se fica ainda mais sujo quanto se vai limpando aos poucos, hahaha...

Terminado aquele discurso, o guardião ordenou imediatamente:
– Companheiros! Tragam as correntes e prendam esse imbecil. Troquem-no de fossa, pode ser que ele tenha sorte e alguém venha utilizá-lo como escravo!

Outros seres então apareceram e me ataram pelos pés e pelas mãos com correntes muito afiadas que cortavam profundamente minha pele. Quanta dor eu já tinha sentido, mas esse pequeno detalhe me estimulava a encontrar a paz. Novamente fui atirado em outro calabouço, mas este era um pouco mais iluminado e menos nojento que os outros, ainda que não deixasse de ser atroz com todos os dejetos humanos que éramos nós.

* * *

Mais uma vez eu perdi a noção do tempo e de quantas voltas já dera meu destino, mas posso dizer que foram suficientes para meus conceitos sobre a vida mudarem radicalmente. Já duvidava que acreditar em Deus ou alguma outra força superior me salvaria, mas, sim, que estava feito para as trevas e dali não sairia. Minha resignação era o manancial de minha desgraça, e com ela corriam minhas esperanças de me reencontrar com meus seres queridos. Olhava para minha aparência e só encontrava retalhos de um bom terno, a pele apodrecida e os pés lacerados. Meu rosto tinha grandes cicatrizes e um de meus olhos estava completamente fechado por uma espécie de infecção antiga. A sede era imensa e naquele lugar só havia uma espécie de barraca com água podre. Alguns chegavam até ela para se arriscar a beber, mas afora o sabor e cheiro ruins, quem bebia tinha grandes convulsões e tensões estomacais que aumentavam ainda mais a dor. Éramos pedaços de espíritos esquecidos por Deus, afundados na humilhação e ignorância, sem esperanças de refazer nossas vidas. De quando em quando, recebíamos a visita de seres que brincavam negativamente com nossa mente, trazendo coisas de nosso passado por meio de horrendas imagens daquilo que tínhamos cometido. E ali estava eu, uma vez mais chorando pelo acontecido, amaldiçoando-me e mutilando mais meu corpo com pedras. A dor de certa forma aliviava minha culpa de ter sido um exemplo errado como ser humano. O problema de acordar minha própria dor é que chamava a atenção de seres disformes que se apossavam de mim como sanguessugas. Eles sorviam todas as energias de raiva e dor, deixando-me em um estado de vazio e solidão, que induzia a um ciclo de lamentos e mutilação corporal. Tudo estava envolto em uma rotina ilusória e dolorosa que não chegava a nada, só à minha própria depravação como ser humano.

* * *

Os guardas do lugar costumavam fazer uma ronda noturna de reequilíbrio energético do ambiente de um jeito incrível. Eles se colocavam ao lado dos espíritos que estivessem gritando, chorando, convulsionando ou sendo agressivos e cravavam uma espécie de agulha preta que atravessava o coração e a garganta deles, deixando-os inconscientes no mesmo instante. Como já estava acostumado, eu apenas ficava em silêncio absoluto e cada vez mais passava despercebido por eles. Em uma dessas noites, todos ouvimos sete grandes golpes que vinham de uma porta encravada em uma grande muralha de pedras e espinhos bem longe de onde estávamos. Vários guardiões faziam a guarda daquele ponto. A passagem foi aberta e entraram vários seres encapuzados, segurando espadas, correntes e tridentes. Seu andar era imperceptível, praticamente como uma levitação; muitos dos guardiões se colocaram de joelhos em sinal de respeito. Um dos seres saiu do grupo e, com uma espécie de papiro na mão, foi passando em cada fossa. À medida que se aproximava da nossa, o medo me invadia, e era tão intenso que comecei a orar a Deus para que nenhum deles me castigasse.

Em dado momento, um dos seres entrou em minha cova para examinar, mas sem armas e sem o papiro. Ao sair, foi até um dos guardiões do lugar e pediu para que saíssemos todos dali.

– Levarei todos estes daqui – o encapuzado disse com voz tenebrosa e metalizada.

– Como o senhor quiser – respondeu o guarda sem olhá-lo no rosto.

Finalmente caminhamos em fila até a saída, e eu continuava pedindo que não fôssemos levados a outro sofrimento ainda maior. Pedi a Deus que trocasse essa vida por outra que melhor lhe parecesse.

Capítulo XIV

Reativando Mistérios

Abri os olhos e percebi que havia adormecido em mais um lugar desconhecido. Na verdade, sequer me recordo de ter pegado no sono. Pensei que isso poderia ser reflexo da mudança de energia, que continuava densa, embora sem sofrimentos além do meu. Meu corpo dilacerado e minha inutilidade na pele me deixavam, à primeira vista, como um pedaço de farrapo humano que precisava de atenção urgente para se recuperar do grande vazio e dor que trazia no que restava de mim.

Reparei que as paredes do ambiente eram pretas e havia tochas com chamas nas cores azul, amarela e branca. Também vi pinturas penduradas e cada uma delas emanava umas luzes pouco brilhantes, mas que envolveram por completo minha atenção. Uma fragrância muito intensa, parecida com rosas e flores de laranja, preenchia o ambiente. Eu estava deitado sobre um tapete de pele que suavemente sugava minha dor, embora não cessasse o ruído mental de minha cabeça.

Fiquei um longo tempo desfrutando dessa paz, até que ouvi passos fortes sobre o chão de madeira que vinham até aquele cômodo. E como era impossível me mover da posição em que estava, fechei meus olhos e novamente entrei em pânico à espera de meu castigo. Escutei que a porta se abriu e, de forma sigilosa, alguém se aproximou. Senti um perfume de mulher que acordou por momentos meus sentidos, e como desfrutei dessa sensação.

– Olá, bom moço! Jogaram você aqui e sujaram meu quarto.
– Perdão, senhora...
– Nossa, homem, seu medo é bem grande, pare com isso que vou deixá-lo com os outros para que se encarreguem de você.

– Desculpe por ser assim, mas, depois de um logo sofrimento, minha mente estava educada com medo e silêncio. Prometo que vou melhorar. E... deixe-me dizer o que vejo da senhora: é divina.

– Obrigada! E sei que você também é, por trás de todo esse sebo. Vou passar em você um unguento que vai ajudar a se levantar para tomar um banho reparador. Você irá até aquela porta.

– Faça de mim o que achar melhor, senhora...

– Chame-me de Maria Rosa.

– Como você disse, Maria Rosa...

A mulher era encantadora. Usava um colar de pedras douradas em conjunto com outra que parecia uma safira com uma chama branca no meio. Seu vestido era preto de encaixes brancos e ela trazia uma rosa vermelha na mão direita. A roupa exalava um cheiro de rosas, e tudo isso me deixava fascinado.

Ela abaixou a cabeça à altura da minha e seus olhos cor de mel me envolveram como nunca. Despertou em mim um grande desejo de melhorar. Deixou cair de sua rosa um pó lilás que envolveu minhas pernas, e pouco a pouco voltei a sentir sensibilidade nelas, até enfim poder dobrá-las novamente. A recuperação foi tão intensa que comecei a sentir vergonha de minha aparência diante da beleza estonteante da mulher.

– Não se sinta assim, Julião. Daqui a pouco estará bem arrumado, assim como você deve ser...

– Obrigado, Maria Rosa – falei sem desviar o olhar.

– Vamos, vá até ali – Maria Rosa apontou o caminho –, uma lenta recuperação o aguarda.

Caminhei quase rastejando, mas empenhado em chegar até onde queria. Adentrei uma espécie de quarto com águas termais e velas de cor rosa. Não sabia se era ilusão ou real, mas como desfrutei ao entrar nessas águas curadoras! Eu vi minhas feridas cicatrizando incrivelmente e pouco a pouco a lucidez começou a ser recobrada, até que por fim o medo desapareceu. Tantas coisas chegavam à minha mente, de todo o intenso sofrimento que tinha vivido até aquele instante, e onde me encontrava agora, em um lugar totalmente distinto.

Depois de um longo tempo, saí do banho e meu corpo sugou toda água que restou sobre minha pele. Procurei alguma roupa que pudesse vestir, mas nada encontrei.

Não tive alternativa a não ser voltar nu ao quarto onde estava antes. Maria Rosa estava sentada em uma cadeira, e não tirou os olhos de mim. Com vergonha, tapei meus genitais, enquanto ela gargalhou.

– Suas mãos colocadas aí não são motivo para eu desviar o olhar.

– Desculpe, mas não estou acostumado a isso.

– Acostume-se, porque não vou lhe dar roupa. Aqui, a roupa o identifica, é como a vestimenta que simboliza seu mistério. Mas, se quiser adentrar em meus mistérios, espero que não se incomode, por exemplo, com uma linda saia, hahaha...

– Hahaha! Obrigado, Maria Rosa, mas aguardarei aqui sentado até chegar uma vestimenta.

– Não, Julião, seu tempo de descanso acabou e meu companheiro está aguardando você lá fora. Então, tire suas mãos do corpo e vá até lá sem preconceitos, porque não é o único que está nu neste lugar. Afinal, não é assim que vocês nascem na Terra? Hahaha...

– Esta bem, senhora – respondi meio sem jeito, enquanto tirava as mãos de meus genitais.

Saímos daquele aposento e fiquei assombrado por estar em um imenso castelo que fazia daquele lugar algo único.

– Apresse-se, Maria Rosa! Não há tempo para socializar com esse idiota. – A mulher foi repreendida por um senhor de armadura preta e mãos cristalinas que brilhavam a cada movimento de seu braço.

– Sim, senhor – ela respondeu secamente.

Descemos rapidamente as escadas cristalinas, que pareciam ser feitas de pedras trabalhadas, e em cada degrau havia um símbolo avermelhado que emitia um som suave e envolvente. Meu olhar foi atraído para cima e vislumbrei um céu aberto com estrelas douradas e fumaças azuis que se movimentavam de um jeito harmônico. Fiquei petrificado com seres estranhos de grandes asas negras, que planavam sobre nós observando-nos atentamente. Nisso, senti que Maria Rosa me deu um puxão no braço e voltei a olhar os degraus para descer rapidamente.

– Fale-me seu nome, seu inútil! – o homem ordenou agressivo.

– Julião Maodei Serrano, senhor.

– Sabe por que você está aqui?

– Para limpar-me das impurezas que juntei na Terra, e ser algo útil para Deus.

– Acha que conseguiu isso?

– Encontro-me à mercê da vontade da Lei Maior, senhor.

– Está disposto a avançar em sua purificação?

– Faria o necessário para acabar de uma vez com todo esse pesar e finalmente ser uma peça que interesse ao Criador.

– Ramesh, prepare os portais, vamos ao campo de iniciação – o misterioso homem ordenou a um guardião.

– Sim, meu senhor.

Nisso, saiu correndo em direção ao lado oposto de onde estávamos aquele ser, cujo corpo era humano mas com pele de serpente.

– Desculpe-me o atrevimento, senhor, mas quando vou receber roupa?

– Quando for digno de usar algo que o identifique, mas essa qualificação eu não lhe posso dar, somente os guardiões da luz de Deus.

– Iremos ali agora?

– Inteligente, Julião, você intui seu final. Mas se perde na ignorância de sua inocência.

– Apenas sou um pedaço de ser que quer ter um sentido na vida.

– Sentido você tem, como todo ser, o que lhe falta é direção.

– Qual é seu nome, senhor?

– Chamam-me de Mago da Luz Violeta, e este é meu domínio. Mas saiba que você só foi acolhido aqui em atenção ao pedido de um grande amigo que você conheceu há muito tempo e que, de certa forma, tentou lhe ajudar. Só que você se rendeu à sua estupidez, que fez com que viesse parar nestes lugares.

– Realmente não me lembro de ninguém, senhor mago! Minha mente está cheia de ignorância e sofrimento. Por mais que minhas feridas sarem, meus pensamentos estão confusos, igual minha emoção...

– Sei, Julião, sigo ouvindo gritos daquele lugar onde você esteve. Aqui não é diferente, mas as dores e sofrimentos que nascem em meu domínio nada têm a ver com suas ações.

– Não entendo, senhor.

– Cada ser humano e cada espírito que possuem ou possuíram razão alguma vez cometeram ações que, perante a Lei de Deus, terão recebido seu devido lugar na Criação. Muitas dessas ações foram negativas, e, por uma questão de ordem e nível da Criação, tudo aqui é separado e reunido de acordo com seu par. Então, cada lugar nas trevas tem um motivo relacionado com um erro ou série de erros cometidos por tantos seres humanos ao longo da história. Por exemplo, aos meus domínios são atraídos todos aqueles espíritos que atentaram contra a vida de uma pessoa ou grupo, por meio da obsessão. Refiro-me aos sociopatas, maníacos, estelionatários, traidores... Todos estão acomodados aqui, prontos para descarregar toda a sua energia negativa, enfrentar os medos e erros e reduzir toda essa camada de negatividade que levam com eles, para, quem sabe, voltarem ao caminho evolutivo.

– Ou seja, os espíritos negativos limpam-se de seus erros e vão para outros planos superiores?

– Sim, Julião, as trevas não existem por acaso. São um depósito de espíritos que não compreenderam os desígnios do Criador e atentaram contra as leis da Criação. É uma grande prisão que abriga seres ignorantes. E nesse resguardo nascem dualidades, ou seja, alguns acabam virando-se para a escuridão, enquanto outros renascem na dor e entram nas etapas da redenção para retornar ao seu caminho evolutivo, assim como você está fazendo.

– Compreendo, senhor. E o que vocês são aqui nas trevas?

– Somos instrumentos de Deus com a função e o juramento de cumprir a Divina Justiça e resguardar a ordem nas trevas.

– Então, as trevas pertencem a Deus?

– Ele se encontra em tudo, e tudo n'Ele tem um sentido, um fim. As trevas são algo pouco compreendido por todos os seres humanos, que não se dão conta de que são o depósito dos desejos reprimidos e incontroláveis. O que aconteceria, Julião, se não existisse, por exemplo, um prostíbulo? Haveria na sociedade muito mais homens maníacos em potencial por não terem um lugar onde descarregar suas paixões desenfreadas, o que desataria um caos social muito grande, capaz de encher de ninfomaníacos e estupradores muitas prisões. Seria algo tão incontrolável que levaria a decisões drásticas por parte dos governos. Uma ação atrai a outra, isso sem contar os seres negativos que potencializam as tentações e propiciam os momentos para os maníacos. Tudo seria uma luta entre a luz, por zelar pela segurança, e as trevas, por animar as massas sexuais na Terra.

Mas ali está o humano, julgando a prostituição sem compreender sua real função. E também está o desprezo da sociedade por esses lugares, que, afinal de contas, são ajuda para qualquer sociedade. Não estou promovendo nem apoio o sexo como meio final de descarrego, mas, sim, justifico o inaceitável para muitos humanos travestidos de cultura e vestidos com a intolerância para com os demais.

– É muito profundo todo esse mundo, senhor.

– Minhas palavras são só a entrada para a grande biblioteca, Julião. Sou um portador limitado de conhecimento que busca revelar as verdades, porque estou farto das mentiras que escuto com tantos escravos em meus domínios, massa de inúteis – concluiu o Mago.

A conversa foi interrompida pelo guardião Ramesh, que se aproximava.

– Senhor, já está tudo preparado – o guardião comunicou ao Mago.

– Obrigado, Ramesh. Julião, é hora de partir.

– Todos se coloquem esses capuzes – ordenou o Mago.

Com curiosidade, indaguei:

– Uma última pergunta, senhor. Por que utilizam capuz?

– Cobrimos nossas cabeças em sinal de respeito. Mas assim também protegemos nossa energia para evitar encontros com inimigos e a desarmonia do ambiente com nossa presença. Lembre-se de que um domínio é como a casa de alguém; vocês, na Terra, não chegam nus, vestem-se segundo a ocasião. E é por trás dessa ocasião que há energias, pensamentos e sentimentos. Agora, cale-se, se não quiser ficar aqui e partilhar dor novamente, hahaha...

– Sim, senhor.

* * *

Ramesh nos levou até uma espiral azulada. Senti passar um vento frio que parecia me puxar. Escutei vozes que falavam em uma língua desconhecida e vi águas que corriam intensamente. Em um círculo, cercamos o portal. O Mago da Luz Violeta observou fixamente aquela fissura e, com o pensamento, começou a irradiar uma luz azul-clara que saía de sua testa e se unia com aquele buraco de luz. Da mesma espiral começaram a sair correntes que vinham em nossa direção e entravam sutilmente em nosso coração.

– Companheiros, abramos esse portal com a evocação eólica.

– Sim, mestre! – responderam prontamente Maria Rosa e Ramesh. E em um canto estranho e uníssono iniciaram a evocação:

"Ia mesh tur shin val kum, apesh namurtekab valum.

Iom talek damish vikun. Ya fer shita ye..."

Todos vibramos com aquele mantra, a ponto de nossos corpos tremerem sem parar e nos elevarmos lentamente do chão até sermos puxados para dentro do portal. Em um piscar de olhos, chegamos a uma campina de maravilhosa vegetação. Acima, um céu azulado como o mar mostrava de perto tantos planetas que era difícil quantificar os corpos celestes nesse zênite celestial acompanhado de um entardecer que ressaltava as cores daquele lugar. Apesar de me sentir enjoado por causa do trajeto, estava deslumbrado com aquela visão. Então, avistei um índio encostado a uma árvore, bem à minha frente. Ele caminhou até nós. E, batendo seu peito em reverência, colocou-se de joelhos e disse:

– Salve a presença sagrada de vocês, queridos irmãos de esferas inferiores. Que o Grande Espírito abençoe o caminho de cada um.

– Salve sua luz, amado e respeitado Caboclo das Sete Espadas. Viemos ao encontro do Guardião Cristalino da Luz Vermelha.

– Sim, meu grande companheiro, ele os espera no chão iniciático eólico.

– Muito obrigado, assim que Julião se recuperar iremos para lá – agradeceu o Mago da Luz Violeta.

Sete Espadas chegou até onde eu estava e fixou seus olhos em mim. Tentei fazer o mesmo, mas não consegui porque ele emanava uma forte luz. O Caboclo tomou minha mão direita e senti um arrepio imenso na cabeça, que me encheu de paz interior e deu claridade a meus sentimentos.

– Salve sua força divina, Senhor Caboclo Sete Espadas!

– Salve seu mistério, filho! Olhe-me nos olhos.

– Não posso, senhor, é muita luz para minha excessiva escuridão interna.

– Olhe-me!

Fixei meu olhar nos olhos do Caboclo e mergulhei em belas imagens de paisagens, entardeceres à beira-mar, e contemplei minhas filhas e esposa correndo junto a um grande bosque. Eu as vi muito alegres, mas me acendeu a curiosidade de por que Irma estava com elas. Voltei à consciência e o Caboclo, sorrindo para mim, falou:

– Sim, filho, elas já estão juntas, recolhendo flores no jardim da vida eterna. A união voltou às suas vidas e só falta você para completar a paisagem dessa família que passou por um longo aprendizado.

– Mas quanto tempo passou, senhor, desde que vi Irma pela última vez? Parece-me ter sido há tão pouco tempo.

– Se tivesse de colocar anos terrestres, já se passaram mais de 150 anos.

– O quê? Então, passei 150 anos nas trevas pagando por tudo o que fiz?

– Sim, Julião – falou o Mago, aproximando-se de nós.

– Por Deus, quanta dor tive de descarregar! Realmente é fácil a noção do tempo nesses lugares.

– Sim, é normal isso. Há seres que estão lá há muitos séculos, e muitos continuam repetindo as mesmas frases e pensamentos...

– Filho, já é hora de partir – gritou o Caboclo em uma postura elegante e imponente.

– Está bem, senhor, estou preparado.

Caminhamos em grupo por uma senda conhecida pelo Caboclo. Seguimos em direção a uma grande montanha de cristal, a qual era vista de longe e irradiava uma luz maravilhosa que banhava a vegetação. Ela emitia raios avermelhados às flores do lugar, e a cada toque dessa luz os botões novos cresciam, os amadurecidos renasciam e não havia flores secas; o frescor envolvia entre tanta beleza vegetal. Maria Rosa, que até então me observava, docemente veio falar comigo.

– Moço! O que acha que o aguarda aonde estamos indo?

– Não sei, querida Maria Rosa, mas não acredito que seja castigo, não sinto isso.

– Lembra-se de que você pediu para trabalhar para o Criador onde Ele achasse melhor?

– Sim, mas ninguém sabia disso.

– Então, suas preces foram ouvidas e agora estamos a caminho da sua transformação espiritual.

– Em que me converterão, Maria Rosa?

– Muitos espíritos, tenham sido eles recentemente desencarnados ou antigos deste lado da vida, carregam em seu interior mistérios relacionados às qualidades do Criador. Alguns são atraídos pelo amor; outros, pela ordem, e assim por diante. Você saberá em breve à qual qualidade está relacionado, e a partir daí lhe serão atribuídos um grupo, símbolos, vestimentas, regentes, entre outras coisas. Então, a partir desse momento será iniciada sua caminhada evolutiva como servidor de Deus, onde Ele achar conveniente sua presença.

– Incrível, Maria Rosa! Você acaba de iluminar mais meu caminho, obrigado por suas palavras... Você foi transformada também?

– Sim, faz muito tempo, e Maria Rosa é meu nome iniciático, que se relaciona aos mistérios do Amor. Tenho funções que promovem o estímulo da concepção nos distintos palcos da vida, mas também me encarrego de reter em meus domínios todos aqueles que não souberam cuidar da concepção, realizando abortos, desamores que destruíram famílias. ideias que destruíram pessoas ou sociedades. Lembre-se, Julião, de que conceber não se trata só de gerar um ser, também está no nascimento de uma ideia, de um sentimento, de uma energia.

– Sábias palavras, Maria Rosa. Mas qual é seu verdadeiro nome?

– Isso pouco importa, advogado. No final, somos apenas parte de um grande exército que sustenta a bandeira da luz, com o mastro do universalismo, apoiado pelo vento da evolução. Não se esqueça, Julião, somos instrumentos da Lei Maior e da Justiça Divina. O individualismo sobressai em sua unicidade com a Criação. Quanto mais estiver separado dos trabalhadores sem nome, menos vai se sobressair, por causa de seu ego e orgulho. Aqui não buscamos isso, mas, se esse for seu desejo, vai voltar ao lugar onde estava, sendo inutilizado, porque lá o ego é o que pode o elevar aos pedestais da ilusão, os quais farão você forte por fora, mas vazio por dentro. São milhões de espíritos os que brilham na união com o Todo, mas também há inúmeros trevosos que escurecem os contornos da mão do Senhor das Ilusões.

Fiquei pasmo com semelhante ensinamento. Era muito estranha a sensação de pensar em nível espiritual. Tudo mudava em mim, eu emanava luzes de cores diversas que atraíam a atenção de outras energias e elas me observavam. Além do mais, eu ainda estava nu e sentia vergonha de ser observado, motivo pelo qual aumentava minha mudança nas cores.

Foi um caminho longo até chegarmos à montanha cristalina. À medida que avançávamos, uma porta gigante se erguia, apontando o final do trecho. Não sei por que motivo queria fechar os olhos, mas assim o fiz. Então avistei gigantescos cavaleiros vindo em minha direção, com armaduras de ouro e prata e longas capas, montados em cavalos que brilhavam de tanta luz que emanavam. Alguns desses homens portavam espadas ou machados. Todos tinham uma pedra vermelha e verde à altura do coração, que emitiam um som muito agudo e agradável, desconhecido de tudo o que eu havia ouvido na Terra. Por algum motivo, comecei a tremer desesperadamente e minha pele se pintou em uma mistura das cores lilás e dourado.

– Já começou sua transformação. Dentro de pouco tempo estaremos cumprindo outra missão para o Senhor das Espadas, companheiros – disse o Mago da Luz Violeta.

Maria Rosa, pensando no que o Mago acabara de dizer, comentou uma curiosidade:

– Sim. Mas sabem de uma coisa? Chama muito minha atenção a forma como a Lei Maior procede. Há humanos que cometeram tantos erros e atentaram contra tantas vidas durante o curto período em que passaram pela Terra, mas que, no final, ganham a oportunidade de se envolver com os mistérios em pouco tempo...

O Mago da Luz Violeta explicou:

– O que acontece, companheira, é que todos têm oportunidade de aproveitar a luz e assumir responsabilidades espirituais. Só que às vezes muitos homens ou mulheres se deixam levar pela escuridão da dor e da falta de perdão, o que faz essa lufada de luz deixar de entrar pelas fendas da consciência. E, de novo, passam o tempo à espera de outra faixa de luz. Mas, nesse ínterim, aquele ser que não aproveitou a oportunidade ou se afunda mais, ou se levanta da sarjeta da dor e da humilhação. A árvore da vida nunca deixa de dar frutos, o problema é que muitos não querem esticar a mão para recolhê-los. O alto não bate nas portas para entrar, porque está sempre à frente da porta de cada ser, esperando que esta seja aberta e Ele, recebido. Muitos são ruins anfitriões para seus convidados iluminados, os quais se manifestam no sorriso de uma criança, no abraço de um amigo, no cumprimento singelo de um desconhecido ou satisfação de uma prece. Muitos esperam asas e não percebem que os anjos não habitam formas celestiais apenas, mas, sim, estão presentes nas coisas simples do dia a dia dos humanos. O Criador tem um sem-fim de manifestações, que são complexas para os complexos e simples para os que assim as desejem, mas jamais Ele deixa de manifestar-se para o ser humano.

– Sábias palavras, meu grande irmão... – Maria Rosa sorriu.

Era satisfatório e inexplicável o contentamento de meu espírito. Eu me sentia totalmente fortalecido com as visões que tive, assim como com as palavras que acabara de ouvir.

Capítulo XV

Iniciado nos Mistérios da Lei Maior

Em frente à grande porta, fomos recebidos por dois enormes guardiões com armaduras decoradas de espadas e símbolos desconhecidos. Seguravam uma espada com figuras de raios entrelaçadas com pedras douradas que se sincronizavam com luzes de uma pequena chama incrustada no coração deles. Seus olhos eram envolventes, de cores claras e cristalinas. Em seus capacetes, um triângulo de safira reluzia emoldurado por uma luz branca.

Todos ajoelhamos em sinal de respeito; em seguida, o homem que havia me recolhido das trevas se levantou e saudou os guardiões:

– Salve a força que os nutre e o mistério que portam, sagrados guardiões cristalinos!

– Salve sua presença, Guardião da Lei do Criador. Precisamos que se identifique e informe e motivo da visita para poderem adentrar nosso domínio.

– Sou Onilaré Hanish e estou sob os mistérios do Guardião das Sete Pedras. Venho trazer um novato que deverá ser iniciado nos Mistérios da Luz Vermelha, assim como solicitou o poderoso guardião deste lugar.

– Precisamos do objeto de passe para acessarem ao ponto iniciático, guardião Onilaré.

– Sim, aqui está – ele tirou uma pedra vermelha de um saco atado à sua cintura e entregou aos guardiões. Eles a encravaram na porta, junto a centenas de outras pedras semelhantes. Isso me fez pensar que cada pedra era um espírito que tinha passado por aquele lugar.

A porta se abriu e fomos atraídos por uma energia maravilhosa. Todo o lugar brilhava. Um prado verde-esmeralda ostentava rosas brancas que irradiavam luzes douradas; um manancial nascia de uma pedra cristalina; o céu distinguia-se do lado de fora. Estávamos em outro domínio. Caminhamos até dois símbolos, e o guardião Onilaré pediu que eu me colocasse sobre um deles. Bateu as mãos sete vezes e pronunciou:

– *Iam penish jaduk talet. Ia fer nia sha shik tulof. I suampinesh ye ye.*

Nesse instante se ergueu do símbolo uma luz que me envolveu como se fosse uma serpente, até a altura de meu peito. Senti muito frio e todos os meus sentidos acordaram ao mesmo tempo, fazendo com que eu percebesse cada mínimo detalhe do ambiente. Senti vontade de chorar, e começaram a cair lágrimas cristalinas de meus olhos. Vi uma rajada de luz avermelhada se aproximando rapidamente de nós. Era o Guardião Cristalino da Luz Vermelha. Todos se ajoelharam de cabeça baixa, menos eu, que estava paralisado. Essa luz adotou uma forma quase humana e me abraçou docemente, injetando em minha mente imagens indescritíveis de lugares e seres de luz. Então, o guardião me disse:

– Meu filho, você fez trabalhos inestimáveis para muitas famílias na Terra. Deixou de lado suas necessidades e responsabilizou-se pelas carências alheias. Mas seus deslizes terrestres não superados levaram pelos vales da escuridão, onde aprendeu a perdoar e perdoar-se. Sua intuição de que havia algo além da vida material era a causa do brilho do mistério que você carrega há muito tempo, o qual, no dia de hoje, se libertará para abraçar o Universo de mãos dadas com outros irmãos, para que, por meio desse amor incondicional pela Lei Maior e Justiça Divina, possam juntar as peças do destino dos demais no caminho certo, sempre e quando elas desejarem. Lembre-se deste momento porque é quando você, como espírito, renasce, e sua alma reluz com a liberdade de seus mistérios para o bem comum de todos os seres. Dessa forma, diante da Lei Maior e da Justiça Divina, eu o proclamo ser do Divino Criador em seus mistérios da Ordem e da Lei Imutável e Divina!

Sem poder abrir os olhos, senti-me envolvido por vestimentas e espadas em cada parte de meu corpo. Ouvi vozes, muito barulho de alegria e júbilo. Comecei a subir em grande velocidade e, de repente, caí sobre uma pedra com força. A batida me deixou inconsciente.

* * *

Acordei de novo no mesmo quarto do hospital onde tinha ficado tempos atrás. Só que agora estava vestido com um terno azul, sapatos de xaréu branco e preto e um chapéu preto com o mesmo símbolo sobre o qual eu fiquei em minha iniciação.

– Como está nosso antigo paciente? – o doutor Fernando entrou dizendo com um largo sorriso.

– Nossa, meu grande irmão, há quanto tempo!

– Pois veja, Julião, você recebeu muitas surpresas no caminho. Mas foram situações que precisava viver para hoje vestir esse mistério.

– Que mistério, doutor? Não compreendo ainda quem sou.

– Isso é normal, você recebeu um golpe energético muito forte que desequilibrou um pouco sua memória ancestral. É questão de tempo para tudo voltar à normalidade.

– Realmente não lembro de nada, nem de como cheguei aqui. Só sinto necessidade de levantar e ajudar, Fernando.

– Tudo a seu tempo, Julião. Primeiro precisa recuperar a memória, e só depois deixar que suas qualidades se derramem sobre os necessitados.

– Está bem – eu concordei –, vou descansar mais e tentar me lembrar de quem sou realmente.

Fernando saiu da sala e deixou minha ficha sobre uma mesa que estava perto da porta. A curiosidade era imensa, então me levantei e comecei a ler tão rápido quanto podia.

Conforme lia, uma intensa dor de cabeça reapareceu. Era tão forte e desagradável que caí ao chão. Comecei a me afogar em imagens de meu passado recente e ancestral. Vi corredores de uma prisão e muitos cavaleiros com uma cruz vermelha em suas vestes. Eu me vi como um homem de grande porte e barba grande encostado a uma parede com o olhar perdido.

– Meu senhor, o que podemos fazer para escapar deste lugar? Nossa inquisição está chegando de maneira injusta – uma voz me perguntou.

– Nada podemos fazer além de preparar nossa face para a glória diante dos olhos do Criador. Temos zelado, velado e sacralizado mistérios divinos dos quais participamos. Acho que o melhor seria que todos sorrissem e agradecessem por ter cumprido a própria missão na Terra – respondi em tom sóbrio.

Essas imagens se dissiparam, levando-me ao Egito Antigo. Eu me vi em um templo como um menino trajado com uma túnica branca. Era filho espiritual de Hórus. Minha antiga mãe foi uma de minhas filhas nessa última vida e minha esposa Irma fora minha irmã. Meu pai físico era André e a guardiã Maria Rosa era o oráculo que zelava pelos mistérios do templo. Éramos fiéis servos iniciados nos mistérios, uma família inteira voltada ao cuidado do lugar.

Algumas noites meu pai chegava bêbado em casa e, com violência, obrigava minha mãe a ter relações com ele. Minha irmã e eu ouvíamos os gritos dela e chorávamos em silêncio pedindo a ajuda de Hórus. Um dia, meu pai chegou perto de minha irmã e começou a acariciá-la da mesma forma que fazia com minha mãe. Quando vi isso, corri rapidamente até a sacerdotisa e comentei o acontecido.

Meu pai passou a ser observado pelos guardas do lugar. Na primeira oportunidade em que ele tentou algo contra minha irmã, comecei a gritar pelos guardas que estavam perto de casa. Nisso, meu pai me deu um soco no rosto e eu fiquei caído ao chão. Ele foi levado até o oráculo, onde o declararam *persona non grata* no templo e condenaram-no a ser lançado sobre as pedras que ardiam no fogo da purificação. Fomos obrigados a presenciar a morte daquele que não respeitou os desígnios do lugar. Fez-se um grande círculo cercando a fossa onde ardiam as pedras. O olhar de ódio que ele nos lançava, principalmente a mim, era muito forte. Antes que o atirassem ao buraco, meu pai gritou:

– Maldito filho! A partir de hoje não vou cansar de buscá-lo, por ter me afundado na dor! Vidas me sobrarão para fazer isso, nunca se esqueça disso!

Eu estava com 10 anos apenas, mas tinha sido ameaçado por toda a eternidade, enquanto via a pele de meu pai se desprendendo entre as pedras ardentes. Para que sua dor aumentasse, os guardas lançavam sal sobre ele, e sua agonia aumentava dentro daquela fossa por onde o deus Bes o levaria para longe daquele lugar.

Anos mais tarde, ainda nessa mesma vida, eu me casei com uma mulher que foi minha outra filha na última encarnação; naquele tempo se chamava Arishna. Tivemos três filhos, mas um morreu afogado em sangue ao nascer. Senti muita tristeza, mas, adentrando um pouco mais na energia daquele filho perdido, pude ver que era André, que também que veio a sofrer com nossa dor.

* * *

A maravilhosa experiência de minha reencarnação foi um longo caminho pelos distintos vales que formam o mundo da vida eterna. Foi minha oportunidade de juntar peças e reordená-las em seus respectivos lugares, com a finalidade de assumir responsabilidades pelas ações passadas, minhas decisões presentes e minhas futuras reações.

Lentamente voltei à consciência do lugar onde estava, e a dor de cabeça latejou, mas agora se estendia por meus braços e pés. Era como se uma dose de tensão descesse por minhas extremidades. Fiquei surpreso e com tremenda curiosidade por tudo que acumulei nas vidas passadas, e não podia esperar a hora de resgatar André e unir minha família novamente.

Escutei passos de várias pessoas se aproximando do quarto. Voltei a me sentar na cama e fiquei esperando que entrassem. A porta se abriu e fui recebendo saudações:

– Que bom! Nosso grande irmão da Luz Vermelha Cristalina já está recuperado. Chegou a hora, Julião, seu grupo o aguarda do lado de fora do hospital. Estão prontos para viajar pelos vales designados pelo Criador – falou-me sorrindo um Caboclo de grande porte, com luzes verdes e douradas que emanavam de suas mãos e uma águia preta tatuada em seu ombro esquerdo.

– Desculpe meu atrevimento, irmão, mas não me lembro de você, por mais que tente – expliquei.

– Fui eu quem os acompanhou durante o período de sua iniciação. Eu era chamado de Sete Espadas – respondeu o Caboclo.

– Nossa, eu não consegui perceber tantos detalhes em você, sua luz me refresca a alma...

– É que você não estava em condições de apreciar detalhes sutis de meu mistério. Muitos espíritos de luz têm particulares que são como um quadro diante dos olhos de alguém. Vai se observando uma, duas vezes, e, quanto mais se aprecia, mais detalhes do mistério aparecem.

– Sábias palavras, mestre – falei, admirando todo o esplendor do Caboclo.

– O senhor poderia se levantar, por favor? – pediu uma mulher que acompanhava o grupo. Ela tinha uma lança presa às costas e portava uma insígnia de espadas e espirais no lado esquerdo do peito. Com o rosto sério, ela me olhava fixamente. Isso fez com que eu ficasse ansioso, e senti meu coração bater forte.

– Sim, senhora – falei, tentando manter a serenidade, mas muito curioso para saber quem ela era...

– Sou Aletishayá, iniciada nos mistérios da Espada Cristalina com a função de zelar pela Ordem da Lei Maior e Imutável nos campos da fé. Luto contra a profanação da esperança humana e sustento várias religiões que abraçam tantos corações sedentos de luz.

– Salve sua luz, mestra da Espada Cristalina!

– Abençoado seja seu mistério, iniciado da Luz Vermelha Cristalina.

– É hora de partir – falou Aletishayá, enquanto me entregava duas facas que traziam três símbolos, uma espada, uma cruz e um raio, e irradiavam luzes douradas.

Saímos rapidamente do recinto e nos dirigimos ao fundo do hospital, onde um jardim nos recebia com toda a sua beleza. À minha direita, estavam três mulheres vestidas de vermelho, cada uma com uma cruz dourada pendurada no pescoço. À minha esquerda, dois homens encapuzados trajavam túnicas pretas e prateadas; eles não mostravam o rosto. À nossa frente havia outros três homens com ternos iguais ao meu, em um belo azul-escuro, gravatas pretas e chapéus pretos com uma fita dourada.

– Irmãos, aqui está Julião, já recuperado e pronto para começar a viagem – disse o doutor Fernando.

– Muito obrigado, doutor Fernando, tem sido de grande ajuda seu cuidado. Temos aguardado bastante a chegada desse irmão aos nossos mistérios – retribuiu um dos irmãos, que veio até mim com um forte abraço e muito carinho. O mesmo fiz, mas fiquei emocionado e chorei.

– Ainda que não assimile bem aonde irá, em seu peito brilha seu mistério, sedento de trabalhar em prol de expandir a luz de todos os irmãos sem distinção de raça, crença ou religião – o irmão me afagou.

– Realmente não encontro o motivo exato do que sinto, irmão querido, mas deixo-me levar por esses sentimentos de pureza que depois de tanto tempo volto a sentir.

– O guardião de nossos mistérios está nos aguardando, ali receberá todos os esclarecimentos do que está vivendo depois de iniciado. Prepare sua mente, reequilibre os sentimentos e fique em silêncio.

– Assim o farei, companheiro.

O irmão, então, virou-se para Aletishayá:

– Mestra Aletishayá, muito obrigado por entregar as ferramentas a esse irmão. Isso mostra que a Lei Maior de nosso Criador tem sido executada com êxito.

– Sim, irmão, o pedido do guardião de seu mistério foi feito com justiça, e Julião finalmente foi iniciado nos domínios que conhecerá daqui a pouco – a mestra completou.

– Obrigado, mestra, até sempre – despedimo-nos e, em seguida, retiramo-nos.

Nossa partida parecia como se cada um fosse voltar para sua função no posto de trabalho espiritual. Eu me sentia parte de uma mesma organização, de uma só ordem que, para mim, só tinha um nome: Luz. Nela, cada um tinha a função de preservá-la e multiplicá-la em cada canto da Criação.

O irmão que me recebeu se adiantou até uma trilha que conduzia a uma imensa árvore de flores cor-de-rosa. No meio do caminho, fez um estalo em forma de cruz e deu três golpes com facas similares às minhas. Com o terceiro golpe, abriu-se um grande buraco no chão, o qual começou a emanar um vapor em tons vermelho e branco. Ele fez sinal aos outros dois homens que estavam conosco. Eles se aproximaram de mim e tocaram minha testa, acelerando meu coração instantaneamente. Caminhamos lentamente até o buraco e pulamos dentro dele para uma rápida viagem através dessa fumaça que me levaria a meu ponto final e inicial de uma experiência espiritual, de minha missão como consciência em evolução.

Capítulo XVI

Nos Domínios da Lei

Acordei atordoado, sentindo um aroma de rosas. Eu estava deitado sobre um chão de pedras de mármore semitransparentes, dentro das quais havia cápsulas azul-claras que pulsavam silenciosamente e emitiam sons silábicos que prendiam minha atenção. Percebi passos lentos se aproximando. Mesmo sem mexer direito a cabeça, vi sapatos de xarel diante de mim. Com esforço, consegui me levantar, mas minhas facas ficaram presas ao chão como se fossem ímãs, e era impossível pegá-las.

– Bem-vindo, Julião – falou amavelmente o homem que se encontrava diante de mim.

– Boas-novas, estimado senhor. Onde estou e em que posso lhe ser útil? – respondi, indagando-o.

– Está nos domínios da Lei Maior, em uma parte invisível aos olhos humanos, mas paralela à vida de todos eles.

– Algo assim como apartamentos vizinhos em um edifício?

– Sim, existem muitas dimensões que acompanham a vida cotidiana dos seres humanos, os quais não nos podem ver, mas o mundo espiritual habita com cada um deles.

– Meu nome é Samal Aben. Fui árabe outrora, mas situações da vida, minhas ações e a própria vontade do Divino Criador trouxeram-me para cá, onde tenho dedicado centenas de anos ao serviço de muitas almas necessitadas. Você não vai ouvir nomes distintos para todos, mas, sim, todos com o mesmo nome, assim como você também vai passar a se chamar "Guardião das Sete Facas".

– Mas por que evitam falar seus nomes reais? O que tem de negativo na hora de ajudar?

– O trabalho é anônimo e nossa ajuda não parte diretamente de nós, mas, sim, do mistério que nos fornece ferramentas para ajudar, que é o Mistério das Sete Facas. Por outro lado, nossa identidade é resguardada ante aqueles inimigos que tenhamos acumulado em vidas passadas ao longo de nossa evolução na Terra, onde o perdão já não é um valor natural. Muitos falam de um perdão vazio e falso, aquele que sai da boca e não do coração. Então, muitos continuam perseguindo-nos. Por isso, nossa identidade pode ser oculta facilmente pela roupagem que a Lei Maior nos atribui, colocando-nos nesse maravilhoso mistério denominado Sete Facas.

– Desculpe-me por tantas perguntas, estimado Samal. Mas o que é esse mistério, qual é a finalidade ou alcance e a quem podemos ajudar com isso?

– Não tão rápido, companheiro... A caminhada que fará com esse mistério na vida de muitas pessoas lhe mostrará o que busca e a quem ajudaremos.

– Compreendo...

– Convido você a avançar em nosso espaço dedicado à ajuda incondicional a toda a humanidade.

– Claro, estimado Samal, vamos! – respondi com alegria.

* * *

Fomos caminhando por um corredor, cujas paredes tinham símbolos que brilhavam em tonalidades vermelha e amarela. As colunas, que sustentavam o teto cristalino através do qual se pintava um céu estrelado, possuíam estrias que trocavam de forma de tempo em tempo e soltavam uma espécie de fumaça roxa. Alcançamos uma porta sem manivela; havia somente uma espécie de dedal em que Samal pousou seu indicador e, no mesmo instante, sua mão brilhou com uma luz branca, e a porta desapareceu. Era um quarto com uma cama e uma escrivaninha sobre a qual estava um livro aberto, em branco; havia também uma estante com frascos cheios de sementes brilhantes; água saía da parede e caía em uma espécie de frasco que não tinha fundo.

– Bem, querido irmão, fique aqui um tempo para se acostumar com as energias. A cama o receberá com energias equilibradoras, mas você poderá sentir coceiras e tensões em seu corpo atual. Uma consequência comum dessas sensações é ficar debilitado. Então beba essa água, que é completamente diferente da que conheceu na Terra. Esta o carregará de energias que vitalizarão seus sentidos e vão acelerar bastante seu coração. Finalmente, essas sementes ali no armário permitirão que você adentre nos Mistérios das Sete Facas.

– Assim o farei, Samal, muito obrigado por seu apoio.

Com um sorriso, ele saiu do quarto. Sentei-me na cama e pensei em tudo o que havia acontecido aparentemente em um curto tempo. Pensei em minhas filhas e esposa e nos vaivéns que tivemos, cada um nos domínios das emoções. Passar pela dor, pela angústia, pela falta de esperanças, pela renovação, pelo perdão e pelo amor. Não contive a felicidade e chorei lembrando-me de todos aqueles momentos, enquanto agradecia ao Criador por me dar a oportunidade de conhecer este lado da Criação.

Sentia-me um pouco exausto, então decidi beber um pouco da tal água que brotava de um lugar desconhecido. Parecia vir de uma nascente incrustada na parede e, vendo mais de perto, havia um ponto de luz dourada bem no fundo do buraco. Juntei as mãos para aparar um pouco da água e sorvi lentamente, desfrutando de um sabor agradável. A cada gole eu sentia uma energia reluzir luzes brancas em todo o meu corpo. Bebi bastante e comecei a sentir uma espécie de taquicardia, que bambeou minhas pernas, e achei melhor me deitar.

O teto de cristal me permitiu contemplar o céu estrelado pelo longo tempo em que permaneci deitado. Era um céu muito diferente do que eu estava acostumado em minha última vida. As estrelas e planetas estavam muito perto e seus movimentos obedeciam a uma ordem natural em toda a Criação. Era nossa forma de ver a vida e o mundo que estava desordenada. Somente à medida que desenvolvêssemos essa visão da alma, poderíamos compreender o valor real de muitos sentimentos e pensamentos que viajavam por toda a Criação.

Em dado momento me lembrei de que Samal havia falado sobre as sementes que estavam na estante. Resolvi pegar algumas para comer. Abri os recipientes e um aroma de rosas espalhou-se por todo o quarto. Com um pouco de água consegui engolir uma semente, e logo senti vontade de me deitar e descansar meu corpo, ainda que minha mente estivesse em um estado de vigília, por saber que eu estava sendo induzido ao mistério que me abriu as portas desse lugar.

Já com o corpo adormecido, meus sonhos me levaram a um salão com uma porta branca ao fundo. Corri para abri-la e, ao ver o outro lado, encontrei-me em outro salão igual. Sem entender nada, entrei e corri até a próxima porta, que deu em outro salão idêntico. Saí correndo novamente, e isso se repetiu por mais quatro vezes. No sétimo salão, no entanto, vi sete punhais em círculo com as pontas voltadas para o centro. Os cabos eram feitos de pedra azul e a lâmina de aço brilhante; no meio delas uma chama azul e branca movia-se lentamente em círculo. Cheguei mais perto e vi que não era uma simples chama. Nela estava um ser com olhos e o corpo quase humano movendo-se com a energia que o sustentava. Surpreso e maravilhado, fiz uma reverência à chama e disse:

– Salve sua força e seu mistério, divina chama azul.

– Salve sua fé e o mistério que sustenta, filho das Sete Facas – o ser respondeu mentalmente.

– Acho que cheguei aqui para iniciar-me no Mistério das Sete Facas, então ainda não posso ser um filho desse mistério – balbuciei, surpreso pelo que acabara de ouvir.

– Nunca deixou de ser um filho desse mistério, você apenas se afogou na força da gravidade material, que faz muitos filhos rastejarem para o desequilíbrio e o esquecimento do que realmente são. Mas alguns recuperam a capacidade de ver a vida com os olhos do coração, e dessa forma nada é novo, só é algo transformado. A essência das coisas é o real valor que alimenta você. As segundas intenções são a finalidade do que o atrai. E essas intenções são as que se refletem aqui, algumas vezes movidas pela intuição, outras por seu mistério, mas sempre em constante movimento.

– E qual é a missão designada a mim com esse mistério? – perguntei, olhando mais para o céu, que começava a desenhar maravilhosos símbolos em cores avermelhadas.

– A Lei sempre tem sido uma ponte entre sua evolução e seu destino. Ela foi se acomodando em seus sentidos, fazendo-se útil às vezes na fé, outras no amor ou no conhecimento... porém, jamais deixou de ser os olhos de suas emoções e os membros de seus pensamentos.

Nessa última encarnação, a Lei o acompanhou na justiça, e, por mais que não tenha compreendido no momento oportuno as situações vividas, tudo obedeceu a uma ordem de ações e reações. Por isso, você está aqui agora, diante de um mistério ao qual se unirá novamente.

– Pode ser que não tenha compreendido completamente, divino mistério. Mas como a Lei influenciaria no amor, por exemplo? – perguntei, já um pouco mais relaxado.

– A Lei implica critérios de ordem para que funcione, certo?

– Sim.

– E quando respeitada e executada, ela se transforma em justiça divina.

– Correto.

– Então, a Lei aplicada no amor é a busca pela ordem nos sentimentos e, em consequência, um correto funcionamento das emoções. Tudo isso por causa dessa energia que ordena e permite que o amor conceba novas situações, cenários, emoções e energias. Quanto maior é a ordem do amor na vida de uma pessoa, maior é a concepção que possui sobre a união de energias na vida. Finalmente, dominando o conceito das uniões energéticas, as emoções não se desequilibram facilmente, já que existe um prévio critério de ordem da lei que permite assentar o conhecimento equilibrado sobre o amor.

– Compreendo, amado regente. Obrigado pela grande sabedoria que está me transmitindo.

– Aos poucos, seu raciocínio vai se estender ao infinito do Universo, e nesse caminho você absorverá tantos ensinamentos que lhe permitirão observar a vida como uma complexa teia unida em um só ponto de luz, ao qual todos estamos unidos também.

– Que assim seja, divino mistério! – falei, emocionado e revitalizado.

– Filho, agora lhe indicarei alguns passos a serem dados para a união energética que terá com esse mistério. Quero que pegue a faca que está ao seu lado sul e eleve-a sobre sua cabeça, apontando ao céu. Respire profundamente três vezes e deixe que a energia o envolva e faça o trabalho.

– Assim farei, divino mistério.

Peguei a faca e apontei para o alto. Um raio de luz dourada desceu instantaneamente de um dos símbolos que tinham se formado no firmamento. Essa luz foi iluminando cada poro de meu corpo; era como se uma luz interna saísse por minha pele lentamente. Com a primeira respiração, o divino mistério entrou por meus olhos. Em segundos eu estava em uma campina maravilhosa. Do alto dela, um cavaleiro de armadura dourada e vermelha me apontou sua espada e desapareceu. Respirei de novo e o divino mistério saiu de meu corpo, para logo entrar por meu peito. Uma segunda viagem me colocou diante de um hospital feito de material cristalino. A construção era uma arquitetura muito mais moderna que o que se conhecia na vida terrena. Vários símbolos incrustados na porta do hospital refletiam-se em meu corpo à medida que eu me aproximava. Diante da porta, ergui minha mão direita e pousei-a sobre uma cruz azul-cristalina que estava à altura da manivela. A porta se abriu com um som muito harmonioso, e uma luz branca me cegou por completo. Então, voltei ao lugar onde me encontrava com o divino mistério. Finalmente, em minha terceira respiração, meus pensamentos se estenderam até um grande cemitério na claridade de um belo dia. Segurava uma faca com a mão esquerda, com a qual rasguei lentamente um túmulo desconhecido. Da abertura surgiu uma luz avermelhada em meio a uma fumaça branca. O mesmo repeti em outros túmulos. Depois de andar pelo cemitério, repetindo o mesmo gesto, fui ao encontro de uma cruz grande e, de joelhos, me ofereci à Senhora da Lei do Divino Criador do Campo Sagrado, prometendo três vezes que a partir desse momento cada parte de meu ser estaria à disposição do alto para as vontades divinas. Uma luz lilás saiu da cruz maior e foi me envolvendo. Eu me senti acariciado como um filho, cheio de amor. Sorri, levantei-me, dando sete passos para trás, e logo voltei ao lugar onde estava o Divino Mistério da Chama Azul.

– Terminamos, Senhor das Sete Facas – falou a chama azul, enquanto se desprendia de meu corpo.

– Esse será o meu nome a partir de agora, mestre?

– Sim, você passou pelas iniciações e foi levado aos lugares que a você correspondem cuidar; lá, irá usar esse nome a partir de hoje. Aquele cavaleiro da campina é o guardião das energias da Lei Maior que envolvem você. O hospital é o prédio encomendado a você para recolher todos os espíritos desequilibrados pela falta de ordem nos distintos aspectos da vida que, por causa disso, caíram nas trevas. Eles serão recolhidos da escuridão e levados até lá para se recuperarem energeticamente. Finalmente, o fato de ter se apresentado ao Senhor da Lei do Divino Criador no cemitério é uma ratificação de que você é um servidor do mesmo e não terá caminhos fechados nem na matéria nem no mundo espiritual.

– Entendo, meu mestre. Mas poderia esclarecer melhor isso de não ter caminhos fechados na matéria ou no mundo espiritual?

– Sua tarefa não se limitará a recolher espíritos caídos pela desordem, mas também guiar pessoas na Terra com sua energia de equilíbrio, que permitirá a elas encaminhar-se pela luz ao encontro de suas qualidades. Será um guia espiritual para muitos.

– De onde sairá tanta sabedoria, mestre? Não me sinto preparado para isso. De onde sairá tanta energia para sustentar um hospital com tantos seres?

– As fontes geradoras de energia estão dentro de você, basta deixar fluir essa energia para seu entorno ser recarregado pela própria Lei Maior, a qual encontrou em você uma fonte humana de ordem e luz. E com respeito à sabedoria, ela chegará naturalmente porque estarei sempre com você, brindando-o com meu apoio, para que não se desequilibre pelas infestações espirituais dos seres que poderão cruzar por seu caminho.

– De acordo, mestre, que assim seja a partir de hoje. Confio-me conscientemente à Lei Maior e à Justiça Divina para executar os desígnios do Criador.

– A partir desse momento você está iniciado no Mistério das Sete Facas. Seu nome ficará oculto sob a missão que lhe foi outorgada e será uma referência de reconhecimento na Luz e um ponto de respeito nas trevas... Lentamente perderá a noção do tempo e abrirá os olhos à sua atual realidade, no mundo espiritual.

– Mas por acaso isso não é um sonho, mestre?

– Os sonhos aqui não têm os mesmos conceitos como na Terra, Sete Facas. Mas poderia dizer que se trata de um desdobramento de sua consciência em um plano hermético somente utilizado para as iniciações. E aquelas imagens que viu enquanto ingressava nessa luz que possui também foram desdobramentos de sua consciência em outra realidade, que está relacionada com os campos de ação do mistério.

– O que são os campos de ação, mestre?

– São os limites que uma qualidade possui para efetuar a própria função. Em seu caso, Sete Facas, não terá caminhos fechados para executar a ordem e as modificações na vida dos seres: algumas vezes, no amor, outras nos conhecimentos, bem como na fé.

– Compreendo, senhor. Muito obrigado por tudo.

Nesse momento a chama fez um movimento brusco até mim e os punhais que a cercavam formaram um círculo ao meu redor. Mentalmente ela me disse que ao acordar teria meu cetro de poder, o qual eu deveria proteger assim como ela me protegeria. Em um zumbido estranho, fui impulsionado com força até as portas dos salões e, à medida que eu retrocedia, cada um deles se convertia em pura luz. Em um piscar de olhos, voltei à minha realidade; eu estava deitado na mesma cama com uma faca na mão direita. Emocionado, ajoelhei-me no chão elevando ao Criador uma prece, grato pela maravilhosa missão a mim confiada. Pensei em minhas filhas e em Irma, de quanta saudade sentia e quanto gostaria de dividir essa notícia com elas.

Então, fui direito ao livro para escrever toda aquela experiência, mas havia uma fumaça saindo dele. Surpreendentemente, vi que as folhas, antes em branco, tinham os registros de tudo o que eu tinha vivido e ouvido naquele lugar. Isso era algo maravilhoso, já que toda a sabedoria transmitida por aquele mestre estava reproduzida em cada página. Enquanto aguardava que alguém viesse me buscar, fiquei lendo e relembrando tudo o que tinha vivido, e os ensinamentos se fortaleceram para ratificar que eu era um iniciado nos Mistérios das Sete Facas.

Capítulo XVII

O Início

Samal entrou no quarto com sorriso aberto, segurando uma sacola pequena na mão direita, e exclamou:
– Vejo que já recebeu o mistério em seu domínio, estimado Sete Facas!
– Sim, companheiro Samal – falei sorrindo, enquanto me levantava da cadeira.
– Agora que já conheceu a essência que nos move e nos ampara, é hora de seguir avançando neste prédio e em sua missão.
– Como queira, Samal, sou um menino que reaprenderá com você tudo nesse mundo que me viu nascer, me acolheu e assim seguirá por toda a eternidade.
– Bem, vamos!
Recolhi minhas coisas e saímos do quarto, tomando novamente aquele corredor longo, de cores claras e repleto de símbolos desconhecidos. Era uma espécie de ponto de encontro de espíritos que iam e voltavam, todas eles nos saudavam contentes. Um grupo trazia seres doentes, que eram colocados em uma espécie de cama sob uma luz azul-clara leve que formava uma cúpula. Havia vários seres sem membros no corpo, outros com aparência de dementes ou tomados por uma tristeza profunda que se revelava em prantos de desespero. Ainda, em algumas salas havia uma espécie de pedra brilhante que irradiava uma luz dourada e cristalina sobre as pessoas ali resguardadas, dando-lhes alívio a seus problemas. Tudo aquilo me chamou a atenção, era como um prédio destinado ao abrigo de seres necessitados em algum sentido. Chegamos ao final do corredor, depois de muito caminhar, mas, antes de sairmos, Samal me falou que eu conheceria o responsável por essa ala do prédio.

– Com sua permissão, senhor Ashal, venho lhe apresentar nosso novo companheiro de mistérios.

– Entrem, Samal! Bem-vindos! Que alegria imensa me dá saber que nosso Divino Senhor nos deu a oportunidade de contar com outro ser como você, estimado Julião, ou diria Senhor das Sete Facas.

– A alegria, emoção e surpresa são minhas, senhor Ashal – sorri, enquanto admirava a maravilhosa energia dele.

E aqui faço um parênteses com respeito à frase "olhar a energia": se na Terra nossa vestimenta pode nos cobrir, mostrando apenas um aspecto do que aparentamos ser, no mundo espiritual somos recobertos pela energia que criamos em nosso interior. Essa energia pode ser absorvente ou irradiante. E, nesse caso, o ser de luz tinha uma energia que irradiava amor e calmaria. De seus olhos se desprendiam raios azuis que chegavam até meus olhos, acalmando por completo meu olhar, a ponto de eu entrar em estado de relaxamento profundo. Evitei olhá-lo porque cairia ao chão a descansar feliz e sem presa. Ele se aproximou de mim para envolver-me em um dos abraços mais calorosos que pude ter sentido até aquele dia. Raios dourados se enrolaram por meu corpo e o afeto foi mútuo e recíproco, a ponto de também saírem raios prateados que o envolveram. Bem, fecho parênteses e voltemos à história.

– Talvez você ainda não compreenda o que está acontecendo, meu filho, mas, com o passar do tempo, trabalhará nesses lugares com alegria e com as energias que seu mistério lhe proporcionará. Assim como você, milhões de seres chegam a este prédio, onde milhões recebem ajuda e outros milhares estão para ajudar. Este é um ponto importante na Terra, já que muitas pessoas não quantificam a necessidade de auxílio que há na Criação e, por esse motivo, não se predispõem a acordar para a caridade sem a necessidade de se envolver com uma ou outra religião ou converter-se em um ser dependente e fanático de uma crença só. O universalismo é a língua que fala ao coração que ama, sem nome nem fronteira, onde a cor da pele e os traços são somente revestimentos que envolvem as almas infinitas.

– Sábias palavras, mestre Ashal – Samal interveio, emocionado por tudo que ouviu enquanto nos soltávamos daquele abraço fraterno.

– Imagino, filho, que você chegou a este lugar após um longo caminho de aprendizado – o senhor Ashal comentou enquanto voltava à sua cadeira.

– Sim, mestre, eu vim limpando as asperezas de minha consciência até chegar aqui. E, pelo que vi e ouvi, ainda há muito por fazer em meu interior.

– A limpeza é eterna e a recompensa é constante, estimado Julião.

– Mestre, por que o senhor possui roupa e aparência diferentes dos que carregam o mistério e cuidam desse prédio? – perguntei a Ashal, observando sua túnica branca, com bordados pretos e amarelos.

Ele portava uma espada pendurada na cintura por um cordão dourado e, nela, um emblema simbolizava sete cruzes, cada uma com uma cor do arco-íris; e às vezes essas cores recobriam a lâmina da espada, dando-lhe um aspecto de estojo cristalino translúcido. Ashal era magro, com traços orientais, de cabeleira preta e uma barba rala. O lado direito de sua túnica era adornado por sete símbolos desconhecidos, mas que, ao olhá-los fixamente, rodavam de quando em quando, mudando a figura correspondente. No dedo anelar da mão esquerda, um anel com uma pedra parecida à safira. Ele me sorriu e, com um olhar de alegria, perguntou-me:

– Filho, o que aconteceria se você morasse na Terra em um país que fizesse fronteira com vários outros, cada um com sua cultura e idioma próprios, porém que, por razões alheias à compreensão, sofreram uma mesma catástrofe, mas você se salvou?

– Ajudaria, mestre.

– Por que faria isso?

– Porque não importa a diferença que exista, somos todos iguais em espírito, na caridade.

– Correto, meu filho, venho aqui para fazer-me responsável por este prédio, sem ter nenhuma relação com o mistério, mas, sim, com a caridade que nos envolve para trabalhar sem etiquetas nem limitações. O amor que se derrama no coração de todos os ajudantes deste lugar advém do manancial da Criação que habita nos olhos do Criador. Essa água pura de luz e perdão nos alimenta em cada ação e nos une, levando o universal para outros planos mais sutis que a compreensão de muitos seres humanos. Essa caridade sem dono, sem título, é o que move as fronteiras, abrindo portas e mundos paralelos com uma só finalidade: ajudar.

– Realmente admirável seu pensamento, mestre.

– Não, filho, essa forma de pensar é algo natural em nós. Apenas abra sua mente e deixe que as frases do Universo entrem em você como cores luminosas sobre a tela de sua razão.

– Mas de onde vem o senhor?

– Sou de outro planeta, onde também sou regente. Zelo por um grupo de guerreiros que resguardam mistérios que envolvem as energias planetárias. Essa troca energética entre planetas deve ser zelada, já que muitos seres das trevas transitam com a finalidade de roubar um pouco dessa energia planetária. Somos os Cavaleiros das Sete Encruzilhadas Planetárias.

– Que aconteceria se roubassem essa energia, mestre?

– Poderiam destruir a segurança de algum planeta e atacar diretamente o centro energético deste lugar, alterando a Criação sobre a face do lugar e os respectivos habitantes. Se conseguissem isso, poderiam capturar esse desequilíbrio e levá-lo para suas trevas, para posteriores ataques espirituais tanto a humanos quanto a seres de outros planetas.

– Pelo que estou ouvindo, é um mundo totalmente diferente do que conhecemos, Guardião das Sete Encruzilhadas – falei, desconcertado, enquanto tratava de analisar essas informações.

– Pois é, meu filho, é tudo diferente, mas com algumas essências e sentimentos em comum. E, por favor, me chame de Ashal.

– Perdão, mestre Ashal, não quis incomodá-lo com outro nome.

– Não se preocupe, não tenho autorização para revelar a todos meu nome completo, filho, já que muitos inimigos estão sempre em busca do que realmente sou. Então, basta que eu me denomine mestre Ashal.

– Mestre, essa convivência que temos entre mundos paralelos é muito estranha ainda para os seres humanos. Como poderíamos ajudar na Terra, se predomina o ceticismo ou o fanatismo por uma crença?

– A facilidade com que o mundo energético nos envolve em suas distintas formas permite colocar pessoas com dons específicos sobre a face da Terra, promovendo a naturalidade da caridade por meio de qualidades especiais que lhes permitem aproximar situações tangíveis às pessoas que precisam de ajuda. Deus, em sua infinita Criação, permite que cada peça alheia à nossa compreensão se posicione como peça importante na vida de alguém, formando, dessa maneira, a imagem real das coisas. Para alguns, isso pode demorar uma vida toda. Não se deve menosprezar essa postura racional de algumas pessoas, em sua forma de fechar-se em uma conclusão limitada e concreta da vida, não se preocupando em revelar os mistérios que podem habitar nelas e nos demais. Por outra parte, meu filho, a vida nos mundos paralelos se repete em suas distintas escalas. Enquanto na Terra o mundo espiritual ou o extraterrestre se manifestam como visitantes ocasionais, no mundo espiritual contamos com seres de outros planetas que ficam em outra frequência de energia e também zelam por toda uma estrutura que nos acolhe para a proliferação da caridade sem nome. Pensar que a Terra está feita para o humano é, sem mais nem menos, tirar as folhas de uma árvore, o cheiro de uma rosa ou a cor azul do céu. Pensar que o humano não convive com o mundo paralelo ao dele é como imaginar o Sol sem energia, a própria Terra sem movimento, a Criação estagnada no tempo e no espaço. Mas esse pensamento deverá mudar nos próximos séculos, e chegarão à Terra espíritos evoluídos que buscarão a naturalidade das coisas na convivência com outras pessoas.

– E qual é a razão para denominar-se Sete Encruzilhadas?

– Muitas são as qualidades que envolvem o ser, por exemplo, a fé, o conhecimento, a razão e outros mais. Cada uma dessas qualidades está relacionada com elementos, energias, essências, cores, sons... Podemos levar essa relação ao nível de elementos, que são quatro, mais três que não podem deixar de existir: o cristal, o mineral e o vegetal. Então, são os sete elementos, e cada um deles acorda e se relaciona com uma qualidade específica do ser. "Sete Encruzilhadas" é a denominação de um parâmetro estabelecido para toda a Criação deste Universo, onde o planeta Terra se encontra. Com isso, os planetas, as galáxias, as estrelas, as constelações, os vegetais, as águas, as formas e muitos outros elementos influenciam no ser humano. Tudo isso se dá por um ponto em comum: o Mistério do Setenário

Sagrado. Esse mistério é a base para a compreensão do que somos e do que nos cerca.

— Realmente tenho muito que aprender, mestre — ri, enquanto tentava analisar rapidamente o que acabara de ouvir.

— Em seu momento, em sua forma e em seu lugar se fará tangível todo esse conhecimento para você. Vamos continuar com o trabalho?

— Estou a seu dispor, mestre.

— Samal, acompanhe esse filho até a ala eólica do prédio e deixe-o com nossa irmã Araira, que explicará as primeiras funções dele aqui.

— Assim o farei, mestre, com sua licença.

Saímos do escritório e, como sempre, fiquei curioso sobre tudo aquilo que ouvi. Perguntei a Samal quantas alas tinha o prédio.

— Sete, meu irmão curioso — ele respondeu, sorrindo.

— Hahaha... Desculpe a minha insistência, mas em meu interior sou um ser que precisa ter consciência a cada instante de onde está.

— Não se preocupe, isso é normal com o mistério que trazemos. Cada ala está relacionada a um elemento da Natureza. Cada elemento está relacionado a uma qualidade do ser. Como este lugar leva a denominação de "Domínio das Sete Facas", atendemos desequilíbrios relacionados aos sete elementos e, portanto, às sete virtudes do espírito. Por exemplo: fé, razão, equilíbrio, conhecimento, o saber e outros mais. Quando um espírito se encontra em desequilíbrio, é dentro dessas virtudes que isso acontece, e como está conectado entre si, afeta seu sistema nervoso energético, seus pensamentos e suas emoções. Alguns chegam à demência, outros criam mundos paralelos ilusórios e outros ainda sofrem deformações na estrutura celular do espírito, provocando as deformações que você vai ver em alguns corpos.

— A que se está referindo com "domínio"?

— Domínio é o campo de ação do mistério, ou seja, até onde podemos executar nossa missão. Esse mistério é amplo em sua função, ainda que possua limites. Trabalhamos nas sete virtudes do ser que estejam relacionadas com a lei, com a ordem e com o equilíbrio. É por isso que se utiliza um símbolo relacionado à Lei, nesse caso a faca.

— A faca é algo relacionado com a Lei?

— A faca, a espada e todo tipo de elemento cortante de metal têm como elemento básico o ferro. O ferro é, por sua vez, um elemento mineral que, quando manipulado a outra escala, é forjado com fogo e água. O fogo é um elemento relacionado à justiça. Quando a água influi no fogo, estabelece uma ordem na temperatura que lhe dá equilíbrio. Dessa ação nasce a Lei, que é a busca constante do equilíbrio da Criação.

– Ou seja, para os cavaleiros da Antiguidade e nas batalhas em que esteve presente, qualquer tipo de faca ou espada tinha relação com a Lei.

– Tudo na Criação é de dupla polaridade: luz e escuridão, masculino e feminino, positivo e negativo, em cima e embaixo... Alguns profanam o sagrado e outros zelam pelo divino. O ser humano tem a capacidade de decidir que lado utilizar. O livre-arbítrio está presente a cada instante. Por isso, alguns utilizam de maneira correta alguns elementos, enquanto outros não. A Lei é sinônimo de Ordem e Equilíbrio.

– Entendo, Samal. E quando o mestre se referiu à ala eólica, em que ponto se relaciona com o que está me ensinando agora?

– Cada virtude do ser está relacionada com um ou vários elementos que permitem a retroalimentação constante do ser com a Natureza. Por exemplo, quando falamos de fé, estamos relacionando-nos com o elemento cristalino; quando tocamos o conhecimento, o elemento vegetal está presente; e o mesmo acontece com as demais virtudes e elementos. No caso da ala eólica, estamos nos referindo ao elemento ar, que tem uma relação com a Lei, com a ordem.

– Ou seja, ela está sustentada com energia eólica?

– Correto.

– E dentro dessa ala, o que temos?

– Em cada ala existem vários hospitais e refúgios que abrigam milhares de seres que se encontram com desequilíbrios relacionados a essa virtude. Muitos desses seres precisam restabelecer sua saúde racional e emocional, e é nosso dever lhes proporcionar a atenção devida para que se reintegrem ao seu caminho evolutivo. Assim como atendemos espíritos, também o fazemos com encarnados. Para estes, utilizamos as religiões, o sistema de crenças, como meio de chamar atenção. Nossa aparência como espíritos das Sete Facas, no entanto, em algumas religiões se oculta sob outros nomes ou pessoas que são guias espirituais na vida de outros irmãos que precisam de ajuda.

Nosso dever nunca é levar o protagonismo, mas, sim, ajudar a cessar a dor e a ignorância com a ordem.

– Agradeço imensamente a paciência de me ensinar detalhes tão importantes, irmão Samal. O que acontece é que trago comigo conceitos terrestres que me limitam muitas vezes a compreensão de que somos influenciados constantemente pelo mundo espiritual.

– Julião, tudo é inspiração, tudo é aspiração, tudo é intuição, tudo é causal, tudo é conectado. Há homens que praticam a arte do individualismo, mas nunca estão a sós, ou a companhia é luminosa ou é escura. Tudo depende do que persigam, preguem e pratiquem.

Enquanto conversávamos, chegamos à ala eólica para nos encontrarmos com a irmã Araira. Ao ingressar no prédio, meu assombro foi além da minha razão. Fiquei perplexo ao ver o movimento do ar misturando-se com luzes de tonalidades douradas que circulavam em forma espiralada por todo o lugar. Era um salão cheio de camas, e em cada cama eólica havia uma cúpula cristalina azulada sobre a cabeceira, de onde se desprendia uma espécie de névoa azulada que atuava diretamente na cabeça do ser que estava deitado. Cada ladrilho no chão trazia uma pequena chama azul-clara que irradiava uma sutil energia que subia pelos pés, levando todos a um relaxamento e calma nos pensamentos.

– Julião, lá está nossa irmã, avancemos! – Samal apontou com alegria e pressa.

Fomos até o fim do salão e encontramos uma senhora de idade avançada, com uma bengala de madeira na mão esquerda e um colar de pedras lilases na direita. Em sua cabeça, um turbante com uma joia amarelada pendendo na testa. Seu olhar era sereno, de sorriso leve e com uma energia atrativa para se envolver e descansar completamente. Somente de olhá-la senti vontade de chorar, mas não por motivos negativos, e sim pelo sentimento de amor incondicional que inspirava a mulher.

– Amada mestra, que emoção tão profunda nasce em meu coração ao vê-la novamente. Passou muito tempo desde nosso último encontro, a saudade cresceu demais – falou Samal enquanto a abraçava.

– Muito tempo mesmo, meu filho. Nós nos mantivemos ocupados com os pedidos do Pai Maior e temos abraçado destinos opostos, porém complementares. Sinto-me imensamente feliz de vê-lo novamente, tanto assim que guardei esse abraço por muito tempo – a senhora disse a Samal, envolvendo-o com uma luz cor-de-rosa.

– Mestra, eu trouxe um irmão que terá a bênção de acompanhá-la no seu trabalho aqui. Ele também é um Sete Facas e ficará à sua inteira disposição para o que precisar. É a primeira vez que está nestes vales da caridade; sei que vai se adaptar rapidamente para ajudar os demais irmãos.

Imediatamente, a irmã Araira se virou para mim:

– Meu filho, que felicidade saber que está empenhado em poder estar aqui, ainda que as lágrimas que derramou na Terra tempos atrás não tenham sido as mais doces e meigas. Essas lágrimas o levaram pelos caminhos da dor, onde você aprendeu a cultivar a sabedoria sobre as questões eternas e inefáveis. Do ponto neutro da vida terrena, você caiu para o lado escuro da Criação, que são as trevas cultivadas pelos próprios humanos no jardim do desequilíbrio, mas conseguiu sair daquela prisão, com a máxima de acender novamente a chama de seu coração, que possui um mistério particular que nutrirá a caridade em todos os sentidos. Ainda que para você seja algo estranho saber que vem sendo observado há tanto tempo, seguimos seus passos esperando que o tempo o trouxesse até nós para poder continuar com sua construção interna – expressou a idosa, caminhando devagar e se apoiando na bengala, da qual, a cada toque no chão, desprendiam-se raios dourados que davam ao objeto um brilho muito especial.

– Mestra querida, suas palavras me deixam perplexo, mas definitivamente tenho vivido tudo isso sem ter noção de que estaria diante da senhora agora – falei, enquanto me ajoelhava em sinal de respeito e reverência.

– Não se ajoelhe, meu filho, não é necessário. Basta ver seu coração entregue aos desígnios do Criador para saber que sua nobreza não tem limites. Levante-se e me dê o grande abraço que espero há tanto tempo!

Ao receber o abraço forte dessa mulher, que me transmitia a mesma sensação como se fosse minha própria mãe, eu caí no choro. Quanto amor senti por ela; fui tomado por uma segurança e paz sem comparação, e centenas de pensamentos vieram à minha mente...

lembranças da infância, de minha juventude e dos bons momentos com minhas filhas e esposa em minha última encarnação.

– Viu, meu filho, quantas coisas positivas viveu e cultivou durante esse tempo? Apesar de ter sido muito curto, foi vivido intensamente.

– Sim, mestra, e agradeço de coração a oportunidade de cultivar em mim os pensamentos que fortalecem ainda mais a minha fé e predisposição de ser um instrumento da Lei Maior e da Justiça Divina.

– Já lhe disseram o que você fará aqui?

– Ainda não, mestra Araira, mas me falaram que a senhora me explicaria melhor.

– O mundo abstrato ao humano, ou também conhecido como mundo espiritual, abriga paralelamente dimensões com hospitais que acolhem seres que se encontram com sintomas emocionais desequilibrados. Cada emoção nutrida com a imaturidade, sem uma visão racional daquilo que se sente, permite o nascimento, a expansão ou a explosão de doenças que desarmonizam o corpo espiritual, provocando deformações, alucinações e lamentos. Se essas anomalias não são tratadas em seu tempo, os seres vão baixando o próprio nível vibratório e são atraídos a esferas negativas que os abrigarão de acordo com o que vibrarem. Por isso, meu filho, se diz que para cada ser há uma casa dentro do Criador.

– Poderia ser mais específica, mestra, com algum exemplo?

– Os ciúmes que não podem ser controlados por uma pessoa, por exemplo, intoxicam emoções, atordoam a mente, e todo o metabolismo daquele ser ciumento começa a virar uma bomba-relógio. Impulsos vão e vêm, e essa pessoa explode em choro, em palavras sujas, em ações negativas. Tanto é que uma raiva se apodera dela e a leva pelos vales da vingança e da falta de perdão. A essa altura, o coração físico já não trabalha de forma correta, as enxaquecas são constantes e os nervos desequilibram muitas partes do corpo. Ela acaba desencarnando com toda essa dor por uma suposição que nunca foi esclarecida em sua mente; ela simplesmente colocou tudo ali. Ao chegar a este lado da vida, de acordo com a vibração, que nesse caso seria a falta de fé e o excesso de ilusão pelos ciúmes, o espírito será puxado até a casa que corresponda a ele, ou seja, até uma massa de espíritos ciumentos, possesivos e incrédulos. Ali, nessa multidão de dor, será conduzido ao ponto mais alto de sua ira, o que o levará ao pedido de auxílio. Quando tiver descarregado todo o seu negativismo nessa massa espiritual, algum ser de luz irá recolhê-lo para que seja conduzido a um hospital espiritual, como este onde estamos agora, meu filho.

– Foi o suficiente para eu compreender, mestra. Muito obrigado.

– A respeito de suas funções, inicialmente você terá a seguinte escala: doador de energia, conselheiro, zelador das ferramentas de trabalho espiritual, resgatador e, finalmente, portador do mistério ativo do hospital.

– Ou seja, no mundo espiritual também existem hierarquias.

– Não chamaria somente assim, meu filho, mas, sim, de habilidades. Poderá ficar muito tempo em uma escala somente porque o Divino Criador prefere você ali. Procure sempre se manter junto à vontade divina, para que seja mais bem conduzido. Às vezes, como meninos curiosos, alguns mergulham no universo de energias e acabam se perdendo na deriva do ego. Independentemente disso, o mistério que você traz o chamará, quando for necessário, a cumprir certas missões em outros lugares que eu não conheço.

– Sendo assim, sairei do hospital quando meu regente do mistério precisar?

– Sim, meu filho.

– Então, mais que um hospital, aqui também será uma escola das energias para mim, mestra.

– Você quem diz, querido Sete Facas. Aqui existe o duplo benefício: por um lado ajuda seus irmãos e, por outro, acaba se descobrindo.

– Estou à disposição da vontade divina, querida mestra. Por onde começamos?

– Agora, visitaremos as instalações para que conheça melhor seu novo lar e local de trabalho.

Saímos os três daquele salão, comigo caminhando lado a lado com Samal e Araira. Primeiro fomos até um jardim coberto por uma relva verdes e dourada; em seu centro havia três frondosas árvores das quais se desprendiam dutos cristalinos que deixavam transitar uma espécie de seiva esverdeada. Esses dutos davam em uma espécie de tanque que ia acumulando o líquido, ou melhor, a energia. Percebi que estávamos do lado de fora da ala eólica, pela forma como a construção continuava.

– Este jardim é um lugar de meditação e também de recepção de energias vegetais, meu filho.

– Aonde vai essa energia?

– O corpo humano é receptor dos sete elementos. Cada elemento cumpre uma função que complementa outra. Nesse caso, a energia vegetal está sendo vinculada ao nosso trabalho, com a finalidade de prover energias curativas relacionadas ao sistema nervoso. O sistema nervoso está controlado por centros de energias no corpo material e espiritual, que é denominado pelos povos da terra de chacras. Sobre esse ponto, o sistema nervoso é controlado pelo chacra frontal, que, por sua vez, é receptor das energias vegetais. Então, muitos dos problemas que os espíritos carregam nascem do mau uso do raciocínio, da faculdade de pensar, do uso da lógica dentro dos campos da honestidade e da igualdade. Você sabe que esta ala é denominada eólica, isso porque o ar nos indica um caminho a seguir, mas também precisa de energias que racionalizem o uso e a manifestação dela na vida de todos os que são tratados aqui.

– Compreendo, mestra, e quanto aos demais elementos? Estão relacionados com essa ala eólica?

– Contamos com vários jardins, meu filho.

– E essas árvores não se esgotam com o constante uso?

– A fonte que as alimenta é infinita. A graça divina manifestou uma nascente vegetal aqui. Sabe, filho, cada semente da árvore traz uma fonte inesgotável de vida, bastando ter o útero divino da terra e de outro vegetal para que nasça esse mistério que ela carrega, assim como você. E você serve de exemplo, já que agora está aninhado no útero do Divino Criador, que se chama "Ala Eólica"; quando elevar seu mistério sagrado, você será uma árvore sob a qual muitos espíritos poderão descansar – Araira me disse, sorrindo, enquanto saíamos do jardim com Samal.

De volta ao corredor principal, onde ficavam todos os pacientes, observei como novos espíritos chegavam para ser atendidos. Eles eram trazidos em uma cúpula cristalina deitados sobre uma espécie de maca na cor branca quase transparente, e parecia que eles estavam levitando. Os ajudantes que carregavam esses seres trabalhavam em grupos de três. Quando chegavam ao que seria a cama onde ficariam os doentes, um dos ajudantes desativava a proteção da cúpula, desenhando sobre ela um símbolo, e acordava o espírito para a dor novamente. Posteriormente apareciam, de maneira misteriosa, novas camas entre as já existentes, e estas se moviam abrindo espaço para as outras. Era maravilhosa a sincronia que havia naquele lugar. Uma vez que o doente era colocado sobre a cama, um lençol que o cobria e se adaptava à forma de seu corpo começava a cintilar uma cor lilás, cujo brilho e espessura aumentavam à medida que o tempo passava. Mais tarde, a cor lilás se convertia em um cinza-escuro; aí, ajudantes tiravam a coberta do paciente. As mãos deles eram brilhantes, de cor azul-clara cristalina, como se fossem uma proteção contra as energias que o tecido havia absorvido. Quando era colocada uma nova savana, chegavam outros ajudantes aos pés do paciente e começavam a irradiar uma luz branca intensa, que era absorvida pelo doente. Este, por sua vez, emanava uma energia de descarrego que se transformava na luz lilás que recobriria o novo lençol.

O movimento era intenso no hospital. Assim como chegavam novos espíritos para tratamento, também apareciam, embora em menor proporção, os ajudantes do lugar. Quando o salão ficava abarrotado de camas, muitas desapareciam de maneira misteriosa.

Caminhamos até um dos doentes, e Araira convidou Samal com um sorriso para conversarem energeticamente com o espírito de um senhor que aparentava ter uns 70 anos de idade, com marcas de dor na região da garganta e cabeça.

– Irmão de jornada, o que o traz aqui? – Samal perguntou, enquanto acariciava a cabeça do homem.

– Não tenho ideia de quanto tempo passou, senhor, mas eu diria que sofri bastante no inferno, com seres disformes me atormentando a cada instante. Supliquei muito que fosse liberado desse tormento, mas, a cada vez, recebia apertões intensos na garganta e não conseguia respirar; parecia que eu estava morrendo novamente.

– Entendo, e que fé você carrega, irmão?

– Nunca acreditei em Deus. Eu me considerava ateu e me aborrecia com tantas religiões. Na Terra, era considerado um homem culto, uma espécie de filósofo que enaltecia a ciência magna que revestia o homem como o ser que criava tudo ao seu redor. Mas, quando morri, a primeira coisa que encontrei foi um buraco negro, como um precipício sem fim. Quando toquei a terra, um cheiro de carne podre me envolveu por completo, e eu fiquei louco para sair daquele lugar. Tudo era tão lento, tão pesado, e eu não conseguia me mexer. Senti serpentes subindo por minhas pernas e picando cada parte de meu corpo. Eu gritava de dor e ouvia gargalhadas por todas as direções. No início eu não podia nem rezar, já que não tinha nem para quem. Não acreditava em Deus, então não podia ter esperança. A sensação da falta de fé era muito dolorosa, assim como as picadas das serpentes. Em alguns momentos eu suplicava ajuda, mas os únicos que acudiam eram seres disformes que me atormentavam com lembranças do passado, quando defendia orgulhoso minha postura do incrédulo religioso e quando faltava com respeito às religiões, especialmente à católica. Como eu estava errado... por Deus... – o ser dizia enquanto deixava cair lágrimas de impotência de seus tristes olhos.

– Meu irmão, a falta de fé e o orgulho por aquela ilusão que lhe permitiam se deslocar pela Terra jamais poderão ser a casa de sua religião. A soberba com a qual conduzia seu raciocínio nunca poderia ser o motor do amor por seus semelhantes. Assim como você, muitos seres se consideravam ateus, mas não se davam conta de que o ateísmo não está preparado para livrar da dor uma mãe que perdeu um filho ou um esportista que perdeu as pernas. O ateísmo não está preparado para aliviar a mágoa de um filho sem família. O ateísmo não poderá aplacar a tristeza de um ser que tenha perdido a vontade de viver, nem poderá vender esperança a uma pessoa que esteja pensando no suicídio ou a ponto de cometer algum ato desumano contra outra. Além disso, o ateísmo não está preparado para sentir fé em algum sonho que se deseje alcançar, nem substituirá jamais a depressão que nasce por causa da solidão. O ateísmo é como um corpo sem vida, ou seja, somente é matéria revestida das melhores aparências, mas por dentro não existe esse movimento que dá forma à vida. Não se esqueça, meu irmão, que: "O ateísmo julga as religiões como se fossem ilusões, mas não se dá conta de que ele é a ilusão de que Deus não existe". Poderá o ser humano ateu brilhar com as palavras e raciocínios mais detalhados, encantar tantos seres com a lógica e a retórica, mas o que não poderá trazer ao recôndito do ser é aquela sensação de plenitude por ter essa fé sem ataduras, sem restrições, sem fanatismo. Aquela consciência que se encontra em perfeita harmonia com as emoções. O ateísmo é o maior vício das almas sem uma fé madura. Mas essa falta de fé só será substituída no momento da falta de ateísmo, ou seja, quando aquela luz interna chamar para o reencontro com o Criador, que pode ser em um momento difícil da vida ou em uma situação na qual será necessário acreditar. E acreditar é sentir, e sentir é ter fé. E a fé é uma das caras de Deus, e ali o ateísmo desaparece.

– Mestre querido, muito obrigado por essas palavras que flagelam meu passado, mas enaltecem meu presente e me projetam para um futuro de paz interna. Nunca pensei que seria tão doloroso esse aprendizado, e realmente estou arrependido – falou o paciente enquanto soluçava na cama.

– Irmão, já passou sua ignorância, não se culpe, foi parte do processo para fortalecer sua fé. Afinal, você nunca se desprendeu do Criador, somente esteve envolvido em uma letárgica consciência travestida de conhecimento humano que defende uma postura egoísta ante a Criação, ressaltando que a matéria avança graças às suas obras, sem nenhum tipo de intervenção espiritual. Agora, o que importa é olhar para a frente e finalizar seu tratamento de recuperação. Assim que terminar essa etapa, estou certo de que você será muito útil ao mundo espiritual como instrumento para compreender as emoções humanas que tenham caído nos vales da incredulidade e decepção.

– Mas em que minha vida na Terra, onde carreguei esse ateísmo com orgulho, será útil, afinal de contas?

– A dor sofrida enquanto você questionava seu ateísmo; sua tristeza escondida na noite escura de seu quarto; suas lágrimas invisíveis que corriam quando perdeu sua mãe de maneira tão drástica; sua ácida sensação de medo quanto tentava descansar em sua casa fria pela falta de fé; tudo partiu dali. E, graças a esses sentimentos de dor que acumulou, você se mostra como uma fonte de ensinamentos que se somará à forma de tratar seres carentes desse sentimento tão valioso.

– Então não é consolo para mim, mestre, já que a dor que ganhei na Terra, à custa de tanta gente que me seguiu, não teve sentido, para tudo acabar onde estou agora: em um hospital, doente da consciência e tão pequeno ante a evolução real que teria de conquistar.

– É parte de seu caminho, meu irmão, não menospreze seu sofrimento, tampouco se flagele por isso. Só mantenha a mente calma, silenciosa, à espera dos desígnios do Criador.

– Isso mesmo, mestre querido, muito obrigado por essas reconfortantes palavras – o paciente agradeceu, enquanto seu corpo brilhava com luzes rosadas que o levavam a suspirar com uma sensação de alívio. O rosto dele rejuvenesceu bastante, sua aparência física deixou de ser a de um idoso e ele se transformou em um homem adulto esbelto.

Samal, então, dirigiu-se até nós com um sorriso no rosto.

– Mestra, acabei. Obrigado pela oportunidade que me deu.

– Samal, meu filho, é bom ouvir palavras tão maduras como as que falou, e, como bem sabe, esse tipo de tratamento ajuda bastante para que germine o discernimento nos irmãos com desequilíbrios.

– Querido Julião, é hora de seguir avançando. Vou lhe mostrar alternativas para colaborar com os espíritos em recuperação – Araira falou, batendo em minhas costas e olhando-me fixamente nos olhos.

– Sim, mestra Araira – respondi –, fiquei perplexo ao ver a transformação daquele irmão. Como é possível que, apenas com as palavras de ajuda de Samal, o corpo do doente tenha tomado outra forma, inclusive a luz que o cercava!

– Filho, as palavras que nascem do ser são energias transformadas em uma conjunção perfeita de sílabas que carregam consigo o elemento-chave que leva a dose energética que provocará uma reação em sua consciência e emoção. Esse elemento é o ar; essa energia eólica possui em sua essência a direção que todos precisam para caminhar ao destino certo.

– Que declaração, mestra... Por que esta ala onde estamos é a eólica?

– Assim você vai compreendendo a função que terá aqui, meu filho. A base de tudo é o acompanhamento com as palavras. Mas, assim como aqui tratamos de erguer aquele que não ouve, em outras dimensões mais negativas a palavra é a chave para afundar, iludir, desesperar, decepcionar, complicar, entristecer, acabrunhar, paralisar, acobardar, petrificar, alterar, enjoar e inutilizar o espírito.

– Notei algo mais, mestra. Você usou muitas palavras negativas que podem atormentar um ser. Ou seja, a base da energia que nos movimenta ou paralisa é o verbo?

– Você avança, meu filho, por meio de sua curiosidade. E, realmente, na Terra muitos falam que Deus é o verbo e que o verbo permitiu o nascimento do Universo. Olhando um pouco mais de perto, isso que denominam verbo é uma forma de energia materializada em uma palavra que atua pelos sentidos. A palavra é um meio para construir pontes de união ou abismos de separação entre duas ou mais consciências.

– Compreendo, mestra, e a função da luz é a busca da construção dessa ponte que une consciências. E a força eólica da Natureza proporciona sabedoria da direção aonde as pontes devem de ir?

– Filho das Sete Facas, o ser humano e o ser espiritual, no final de todo obstáculo, desafio ou situação, são atraídos até o centro do Universo, que é denominado Deus. Às vezes terão direções corretas, enquanto outras serão muito discrepantes de seu real destino. Mas ainda assim, até muitas vezes inconstante, cada ser é direcionado ao centro de seu destino, já servindo a Deus seja no alto ou no embaixo.

– Mestra, eu não compreendo como um ser pode servir a Deus no alto, e outros no embaixo? O embaixo não é o que algumas das correntes de pensamentos denominam como inferno ou trevas? – falei, atordoado com tremenda confusão.

– Sim, tudo se reduz a uma porção de energia. Eu poderia dizer que o Universo se divide em três formas: positiva, negativa e neutra. A positiva é a luz que irradia e se expande, acolhendo seres em equilíbrio com todas as energias. A negativa são as trevas, que concentram em seu centro, contraem, absorvem e acolhem seres em desequilíbrio com as energias positivas. Finalmente a neutra, ou o meio, pode ser comparada à dimensão onde você viveu sua última vida, a Terra. É o centro da matéria onde convergem ambas as forças, ambas as polaridades. No que diz respeito ao serviço da luz dentro das esferas negativas, imagine a seguinte cena: existem filhos caídos nas trevas por causa de seus desequilíbrios energéticos, que são traduzidos em depressão, tristeza, atentados contra a vida de semelhantes ou deles mesmos, maldades, ódio, rancores, sexualidades descontroladas, violência, entre outros.

Todos passam por três etapas emocionais importantes para definir os caminhos que tomarão. A primeira etapa é quando o sofrimento bate na consciência, na emoção e na energia desses seres atormentados com as imagens de remorso, com a ausência de ajuda por parte da Luz. Eles gritam, choram, lamentam-se constantemente e pedem auxílio e perdão a Deus e àqueles a quem fizeram mal. A segunda, trata-se daqueles seres que passam por uma apatia, imparcialidade, em que as emoções e os pensamentos deles não possuem dono; onde os olhos se cristalizam com o conformismo e em uma tristeza severa acompanhada do silêncio enraizado na dor que já não tem nome, que já não tem espaço no coração daqueles seres que passeiam pelas trevas sem bússola de seu destino ou ficam paralisados nos cantos daquele lugar à espera da desídia final. Finalmente está a terceira etapa, que é depois do período da insipidez que sofrem à espera de uma resposta. Aqui é quando as trevas usam desejos para tentar aqueles que já se acostumaram de certa forma à escuridão. Eles sentem-se cunhados na ilusão do prazer de sentir-se bem. Mas por outro lado há aqueles que voltam a pedir auxílio, já conscientes do mal que fizeram e do mal que estando vivenciando ao pagar pelas culpas do passado que não souberam dominar. Estão cansados de permanecer como pedras no abismo da dor e almejam se converter em pontes da sabedoria sobre a dor e o erro humano, assim como desejam compreender o valor real do perdão, do silêncio e da própria vida. É nessa terceira etapa que muitos decidem aderir às trevas e crescer nelas, assim como outros são recolhidos a esferas superiores. Mas aqueles que decidem cavalgar para Deus a partir do embaixo, colocam-se na postura de ser zeladores do destino daqueles que buscam sair desses lugares, ou se convertem em juízes daqueles que atentam e detestam o alto, com todos os seus integrantes. Esses seres são guardiões da Lei de Deus nas trevas.

– Mestra, sinto que estive nessas três etapas, mas com minha perseverança fui resgatado e trazido às esferas superiores.

– Sim, mas não se esqueça de que você não foi trazido diretamente para cá, meu filho. Você se lembra do que passou com Samal?

– Lembro. Eu o encontrei graças a outros seres que habitavam as trevas. E, pelo que você diz, mestra, eles então estariam trabalhando para Deus?

— Sim, filho. Os seres humanos acreditam que o tão conhecido inferno é um depósito de seres infernais. Mas não é só isso. As trevas são uma prisão que acolhe seres em desequilíbrio, espíritos revelados contra todo tipo de luz e Guias Espirituais que zelam pela Lei de Deus que regula as atividades em todos os focos de sua Criação. Imagine-se em uma prisão sem guardas ou em um manicômio sem cuidadores. Tudo seria um perfeito caos e esses malfadados espíritos cruzariam as fronteiras das trevas com a missão de qualquer tipo de luz. Por outro lado, o que seria daqueles indigentes espirituais sem organizações da luz para os recolherem dentre os escombros da desordem e a escuridão? Então, filho, se existem seres como os que o recolheram, é porque existem guardiões e organizações espirituais que encontraram em você valores e qualidades que poderiam ser refinadas para que estivesse aqui.

— Que privilégio, mestra, realmente me sinto mais comprometido que nunca. Quero começar a ajudar quanto antes!

— Vamos, filho, com o tempo você terá mais ensinamentos!

E continuamos caminhando, enquanto Samal e eu observávamos centenas de doentes ao longo do hospital. Era admirável o amor e a dedicação dos auxiliadores. Eles sempre estavam recobertos por uma luz cor-de-rosa esbranquiçada que sutilmente envolvia todos os necessitados. Em alguns momentos, apareciam pequenos tufões de tons lilases, que em sentido horário passavam por entre as camas. Deles saíam alguns espíritos que se juntavam aos doentes, eram como familiares transportados até o lugar.

Chegamos ao fim do prédio e paramos em frente a uma grande porta esculpida com símbolos no formato de cruzes, espadas e espirais. Araira colocou sua mão direita sobre uma das cruzes e a porta desapareceu gradualmente, mostrando o outro lado. Parecia uma espécie de escritório médico, com centenas de frascos no lado direito e, no esquerdo, instrumentos médicos muito diferentes dos utilizados na Terra. Diante de nós, uma mesa sobre a qual se empilhavam centenas de pastas; e o mais estranho é que, misteriosamente, iam aparecendo outras e aumentando a quantidade.

— Sentem-se, filhos — falou a mestra, tomando o lugar dela.

– Pois bem, Samal, agradeço seu apoio incondicional de sempre, mas já não quero mais me aproveitar de seu tempo. Você cumpriu de um jeito impecável sua missão de apoiar esse antigo irmão.

– Minha avó querida, é uma grande alegria poder trabalhar com a senhora novamente, depois de tanto tempo. Eu já sentia saudades do hospital e de dar conselhos aos nossos irmãos mais necessitados. Agora, de onde estou com minhas funções, minhas atividades são outras, mas sempre sinto falta desse tipo de serviço.

– Compreendo sua necessidade de falar com o coração a seres em um estado tão desequilibrado, irmão, mas o Divino Criador encontrou em você uma ferramenta para romper energias negativas que, na Terra, são ativadas e utilizadas.

– Sim, mestra, e, só para que nosso irmão Sete Facas saiba, a função que nos toca com esse mistério que já o acolheu, meu querido irmão, é variada. Você estará ativo em vários aspectos do destino, conforme a necessidade. Certas vezes, será um guardião da Lei de Deus nas trevas; outras, um conselheiro espiritual que compartilha momentos de aprendizado com os humanos; outras ainda, um mestre curador que participa dos hospitais espirituais. Enfim, nosso amado regente do mistério atua em vários sentidos da vida e em vários cenários energéticos, e é por isso que traz o número "sete" em seu mistério.

– Caramba! Realmente não percebi esse detalhe, irmão Samal. Poderia explicar um pouco mais o que significa esse número no nome do mistério que nos rege?

– Pois bem, o número "sete" é algo conhecido na Terra e em todas as dimensões. Para nós, representa características de Deus que estão relacionadas aos sete elementos e seus respectivos campos de ação. Então, se um ser encarnado transita pelos campos da fé e da esperança, ele vai se envolver com uma das características do Criador; igualmente, com elementos da Natureza e campos de ação e reação energética. Isso é sobre o número. Com respeito à faca, trata-se de uma alegoria que simboliza o corte e a penetração de alguma coisa e a luta contra algo. A faca está relacionada a divindades ou auxiliares do Criador que regem e zelam por Seus mistérios da ordem e sua transformação. Portanto, o Mistério Sete Facas tem a finalidade de reagir, zelar e executar a ordem e a transformação nas diferentes características do ser: na fé, no amor, no conhecimento, assim como em muitas outras qualidades. Dependendo do campo de ação, ou melhor, o papel que desenvolvemos, nossas ações ou reações poderão ser de corte, aconselhamento, proteção, equilíbrio... Consegui ajudá-lo, querido irmão?

– Mais claro impossível, mestre. Mas como eu não posso sanar minha curiosidade facilmente, o que você quer dizer com "campo de ação do ser encarnado" e nosso campo de ação, nesse caso?

– O campo de ação do ser humano é a situação vivida através dessas características do Criador. Quando uma pessoa na Terra transita por situações de amor, está atuando em um campo; quando atravessa caminhos de aprendizagem e raciocínio, ela o faz por outro campo. É a mesma coisa quando age movida por sentimentos e pensamentos negativos; está transitando por outro campo de ação. Em contrapartida aos humanos, nós, seres espirituais, quando nos referimos ao campo de ação, indicamos que estamos trabalhando nas qualidades concretas do Criador, as quais podem ser, por exemplo: fé, perdão, ordem, justiça, transformação, sabedoria, concentração, etc. Então, quando um ser atua de maneira positiva nos campos da investigação, nós atuamos em paralelo nos campos do conhecimento do Divino Criador, apoiando e sustentando aquela ação do ser humano. Agora, quando um encarnado está agindo de maneira negativa ou contra seus semelhantes nos campos do conhecimento, promovendo a ignorância ou facilitando o raciocínio para a destruição de vidas ou consciências, nós zelamos e cuidamos dos valores e da integridade daqueles que estão sendo prejudicados nesse momento. E fazemos isso lutando também contra quem está promovendo ações negativas.

– Realmente agradeço por tanta sabedoria que me foi transmitida. Tenho muito a aprender ainda até me adaptar a essa nova realidade. Não vou tomar mais seu tempo, Samal – eu disse a ele, dando umas palmadas em suas costas.

– Alegra-me colaborar com sua reconstrução. Tudo isso que acabei de dizer você já sabia, só bastava reativar esse conhecimento. Agora sim eu me retiro. Nós nos encontraremos logo – então, Samal se levantou e foi até um canto do lugar. Sacou sua faca e, fazendo movimentos com ela, fez abrir-se um buraco espiralado de cores avermelhadas que convergiam para um centro que não era nítido. Em um piscar de olhos, ele desapareceu. Surpreso, perguntei-me em silêncio se minha faca também tinha o poder de realizar essas ativações.

– Tudo está em sua vontade e em seu mistério, filho – disse Araira.

– A senhora pode ler meus pensamentos?

– Mais que ler seus pensamentos, eu sinto suas emoções, meu filho. Lembre-se de que tudo que se pensar e sentir aqui é refletido em mim, porque sou a regente deste lugar e meu dever é zelar por toda a sua estrutura energética.

– Compreendo. Em que posso lhe servir, mestra? Estou com vontade de iniciar meus trabalhos.

– Muito bem, Sete Facas, comecemos então. Acompanhe-me novamente ao salão de tratamentos.

* * *

Voltamos ao lugar onde eram atendidos os irmãos mais necessitados. Caminhamos fitando os muitos doentes que lá estavam, então mestra Araira apontou uma mulher que estava gritando de dor e me disse:

– Filho, esse será seu primeiro trabalho. Você deverá ajudar essa irmã a encontrar o motivo da dor dela, chegar até a fonte que gera esse pesar e apagar essa emoção que a martiriza. Não bastará irradiar luzes curadoras nem palavras, mas, sim, descobrir outros mecanismos de libertação energética.

– Nossa, mestra! É primeira e já é complexa, mestra – falei, sorrindo, mas com preocupação.

– Hahaha... essa é a ideia – Araira riu. – É na complexidade de seu aprendizado que está o amadurecimento de seu raciocínio. Na complexidade da situação está a fortaleza da sabedoria. Na complexidade dos fatos está a confirmação das habilidades inerentes ao seu ser. Nessa complexidade de sua missão está a elevação de seus merecimentos. Esse esforço que o conduzirá a novos campos de ação traz outros desafios que encherão você de experiência, com vitórias, derrotas, mas, sobretudo, de saber. Vá lá, meu filho, nós nos falaremos logo – e Araira desapareceu suavemente acompanhada de um movimento de brisas douradas que brincavam no salão.

– Ajude-me! – gritava a mulher. – Não está vendo que estou sofrendo? Não aguento mais, me livre desse animal imundo pelo amor de Deus!

Tentei me concentrar sobre o corpo dela como um todo, e com força da vontade pude ver algo mais profundo. Minha visão espiritual foi se sutilizando a ponto de ver uma silhueta sobre o corpo dela. Era uma espécie de canibal que mordia seu estômago e dilacerava tudo como se fosse roupa velha. Rapidamente, tentei de maneira inconsciente cravar aquele animal com minha faca, mas a única coisa que recebi foi uma descarga de energia que me fez perder a estabilidade por alguns instantes. Procurei me reequilibrar e novamente me concentrei em ver a silhueta daquele ser horrível sobre a mulher. Novamente, apontei a faca empunhada em minha mão esquerda para aquele animal. Mentalmente irradiei luzes alaranjadas em forma de ângulos e chamei o elemento presente em minha faca, evocando nela a força ígnea. Esta então desprendeu formas que entraram em contato com o animal. Em pouco tempo começou a dar resultados, e a criatura deixou de mastigar o estômago da mulher. Insisti nessas formas que tinham surgido a partir de minha faca e finalmente o ser desapareceu, gemendo de dor com as queimaduras provocadas pela luz ígnea que o havia tocado. A mulher continuou pedindo ajuda, chorando e gritando de dor, enquanto eu tentava acalmá-la.

– Não se preocupe, irmã, aqui a ajudaremos. Como você se chama?

– Por favor, senhor, eu suplico. Meu nome é Ashal. Desculpe se falei palavras grosseiras, mas venho sendo atormentada por aquela criatura há tanto tempo que nem me lembro mais.

– Muito tempo? Ou seja, esteve nesse estado convivendo com aquele ser dilacerando seu corpo?

– Sim, mas tudo foi tão rápido que não me lembro do momento em que essa coisa veio para cima de mim.

– Se me permite, irmã Ashal, deveríamos conhecer a fonte do problema para que essa criatura não retorne. Além disso, será importante que você conheça a origem de tudo isso e o porquê de essa criatura estar praticamente unida a seu corpo.

– E como fará isso, irmão da luz?

– Assim que me entregar a chave de sua vontade que eu acesse seus pensamentos do passado. Assim, veremos de onde vêm essas uniões, querida irmã.

– Se é assim, vá em frente, por favor!

Coloquei minhas mãos sobre a cabeça de Ashal e lentamente senti uma tontura, como se eu estivesse dentro de uma corrente espiralada. Fui puxado por uma força que me levou a uma época muito distante do passado, no Egito Antigo. Eu me vi dentro de um palácio onde havia um grande grupo de mulheres juntas e outras pessoas; parecia que um acontecimento importante estava para acontecer. Entre elas, a que mais se destacava era uma mulher muito linda de cabelos ondulados e olhos azuis, e havia uma luz cor-de-rosa particular perto dela. A conexão foi imediata e percebi que era a irmã a quem eu estava ajudando ali no hospital. Como ninguém podia me ver, acompanhei bem de perto os eventos daquele dia.

* * *

Foi possível ouvir a música e as pessoas no ambiente, era visível que todas as mulheres eram candidatas a algo importante. A maioria das pessoas se aproximava dessas mulheres e apontava quem seria a ideal para o príncipe. O palácio estava carregado de ouro e pedras preciosas incrustadas nas paredes. Aquela festa seria decisiva para o futuro desse povo.

De repente, todos os sons cessaram quando a porta principal que ligava a uma sala adjacente se abriu lentamente, revelando a trindade daquele lugar: o rei, a rainha e o príncipe. Os três estavam com seus corpos pintados dos pés à cabeça de dourado, as coroas eram cheias de pedras azuis e ouro, os olhos estavam pintados de preto e verde. Foram caminhando em meio aos súditos até a face norte do salão, onde se encontravam as cadeiras que ocupariam. Antes, porém, o príncipe passou perto das candidatas, e todas o observaram com desejo descontrolado que se dissimulava entre sorrisos e jogos de cabelo. Todas estavam realmente excitadas, menos uma, que era a irmã a quem queríamos ajudar. Isso chamou a atenção do príncipe e aquela indiferença o atraiu. Enfim, o trio prosseguiu e chegou finalmente aos tronos, tomando posse dos lugares.

– Sejam todos bem-vindos! – exclamou o rei dando dois aplausos fortes e pausados.

– A noite nos reúne para sermos testemunhas de um acontecimento que marcará o futuro de todos nós; que trará bonança para nossas terras e, sobretudo, dará a possibilidade de que a linhagem do reino se estabeleça sobre a terra com a chegada do futuro neto à família – falou o rei, sorrindo a todos e sendo retribuído pela maioria com aplausos.

– Nosso filho decidiu aceitar esse grupo de mulheres e, dentre elas, escolher sua futura esposa, a futura rainha deste lugar. Meu querido filho, levante-se e desfrute das opções que nos trouxeram os povos vizinhos de nosso império.

O príncipe se levantou e começou a dar passos lentos. Observou todas as mulheres, uma a uma. Chegou à última e ficou encantado com a energia e conexão que sentia por aquela mulher. Olhando-a mais de perto, falou ao seu ouvido:

– Você me daria a oportunidade de fazê-la feliz, de amá-la e de envolver seu corpo ao meu com esse calor que me dá ao vê-la?

–Você me daria a oportunidade de guardar esse fogo que lhe produzo em meu interior e conceber o amor personificado em um filho? – ela respondeu direta.

O príncipe ficou surpreso e sem mais protocolos anunciou com um grito de alegria que tinha encontrado o que buscava. A festa começou e passou a ser um lugar de diversão e prazer.

Passaram-se os dias desse novo romance traduzido em paixão e muitos projetos que nasciam com o casamento. Tudo parecia correr dentro dos conformes, mas o único problema era que a mulher não engravidava.

– Se soubesse que seria tão difícil, teria duvidado em elegê-la – falou o príncipe, enquanto se preparava para ter relações com ela.

– Como? Você é um maldito ao dizer isso! Não presta atenção que luto dia a dia contra isso, e por causa de meus nervos estou perdendo a possibilidade de ficar grávida? – a nova princesa respondeu com raiva.

– Eu sei! Mas esse não era o plano, preciso deixar um legado em meu reino. Meu pai não aceitou minha escolha para que fosse somente um marido acompanhado. Você não compreende a pressão que está em cima de mim? – disse o príncipe, aumentando seu tom de voz.

– Sim, compreendo! E como dói encaixar verdades no coração de alguém, mas de você nada foi amor, somente paixão e pressão. Sinto-me decepcionada, mas lhe darei o que precisa, com paciência e amor – falou a mulher enquanto pensava friamente em uma vingança e na saída para esse problema.

– Obrigado por sua compreensão, meu amor, eu também de minha parte colocarei maior empenho para trazer filhos a este lugar.

Passaram-se vários meses e nada de gravidez. Ambos se sentiam frustrados, mas indiferentes em relação aos sentimentos de cada um. De um lado, o príncipe começou a ter relações com várias mulheres do harém, ameaçando-as com um voto de silêncio. A princesa, por sua vez, sabendo faz tempo que o príncipe vinha cometendo infidelidades, decidiu fazer algo muito ousado, pervertido e tendo a vingança como propulsora dessa ideia. Um dia, a mulher bebeu um pouco de álcool e aguardou o momento indicado para entrar nos aposentos do rei. Apresentando-se sedutoramente diante do patriarca, conseguiu que ele, movido pelo desejo desmedido, se atirasse sobre ela em um sexo selvagem e despudorado. Depois dessa embaraçosa situação, ambos guardaram voto de silêncio, mas prometendo que voltariam a se encontrar.

Já fazia três semanas que o príncipe e a princesa não tinham relações. Mas, estranhamente ela notou que sua menstruação estava atrasada e sentia náuseas e enjoos. Ela tinha ficado grávida do rei. Desesperada pela situação, deu-se conta de que o problema não era ela, mas, sim, o príncipe. Mas, de modo a apagar sua angústia, relembrou as palavras do marido que lhe despertaram o desejo de vingança, o que a deixou bem mais relaxada em pensar quanto sofreria o príncipe. Então ficou pensando qual seria o melhor momento para lhe dar a notícia.

Quinze dias depois, chegou o aniversário de seu marido. Entre os festejos e a diversão pela data, que aconteciam no salão do palácio, ela pediu um minuto de seu tempo.

– O que há, meu amor? Vamos seguir comemorando e depois conversamos com calma, afinal faz tempo que não ficamos juntos – disse o príncipe, levemente embriagado.

– Não, meu amor, queria lhe dizer algo muito importante faz tempo... – a princesa fez um suspense e continuou: – Estou grávida!

– Grávida? Como, se nem relações nós temos faz tempo? Além disso, você não pode ter filhos! – gritou o príncipe, atirando um copo de vinho contra a parede.

– O problema não sou eu, e sim você, seu inútil! Eu me encarreguei de comprovar isso com outro homem que está a seu nível de poder. Assim não se preocupe, nada sairá de seu reino! – a princesa gargalhou.

– A meu nível? Poder? Não, não! Como pôde fazer isso, maldita! Você se deitou com meu pai? – o príncipe gritou, apertando a esposa contra a parede.

– Claro, aí está o herdeiro do trono, parabéns! Hahaha...

O príncipe ficou completamente transtornado. Sua respiração alterou-se de maneira desequilibrada, e ele pegou a mulher pelos cabelos, arrastando-a até o centro do salão. Cuspiu nela, insultou-a e atirou comida sobre seu corpo.

– Pai, como você pôde me fazer isso! Por acaso não tínhamos mudado os planos? Você é um maldito infiel! Mãe, olhe para isso. Ele nunca a respeitou neste reino de que tanto se orgulha. Meu querido povo! Esse é o líder que apoiam, um impostor que engana as mulheres!

– Cale-se, maldito estéril! Você sempre criticava sua esposa enquanto o problema é você! Dá-me vergonha tê-lo como filho. Você sabe que sua mãe já não pode engravidar, então compete a mim buscar uma saída para este reino, já que você não pode fazê-lo. Então aproveite a situação que me presenteou com essa mulher – falou o rei enquanto descia do palanque.

– Não posso acreditar, pai, que disse isso! Realmente não pensava em fazer isso, mas não tenho outra saída, que minha dor se encarregue de marcar a história deste lugar sem rumo.

O príncipe arrancou uma adaga de um dos guardas e correu até a princesa, cravando a lâmina no ventre dela. Olhando-a nos olhos, falou:

– Que esse ser seja sua cruz. Eu amaldiçoo por sete vezes perante a injustiça que cometeu!

Então, fitando o rei, o príncipe se apunhalou diretamente no coração, deixando todo o reino manchado em desgraça.

* * *

Aos poucos, voltei à realidade pela mesma espiral dourada, deixando para trás aquela história. Novamente consciente no hospital, busquei palavras para compreender tudo o que percebi, e quis conversar com Ashal sobre seu sofrimento e quão surpreso fiquei com aquela situação, mas vi que dormia profundamente. Era preciso muita energia para revirar o passado dessa forma, mas para poder exterminar a fonte que a amaldiçoou era necessário retornar ao início da questão. Enquanto ela recobrava a consciência, fiquei pensando na facilidade que tive de avançar a épocas tão distantes. Isso me surpreendeu enormemente, já que foi algo tão natural que pareceu fazer parte de minha essência.

– Que aconteceu, doutor? – Ashal me perguntou, um tanto atordoada.

– Não sou doutor, irmã Ashal, sou um curioso irmão. Depois de tudo que vi, compreendi o que aquele javali fazia triturando seu estômago. Mas, antes de comentar sobre isso, precisamos encontrar a outra parte que tem a ver com seu mal. Você me levará até onde estava presa.

– Não, por favor, eu suplico! Faço o que o senhor quiser, mas não quero voltar nunca mais àquele lugar.

– Não temos alternativa, irmã. Nesse lugar está o outro pedaço que falta da história. Deseja ser curada? Livrar-se do sofrimento?

– Sim, estou pedindo faz séculos!

– Então me dê a oportunidade de levá-la à solução. Confie em mim, não estaremos a sós.

– Esta bem, senhor da Luz. Leve-me aonde deseje, mas me tire essa dor, por favor! – Ashal balbuciava, contorcendo-se.

– Chame-me de Senhor das Sete Facas, filha. O "Senhor da Luz" é alguém muito maior que todos nós.

– Sim, Senhor das Sete Facas.

Empunhei minha faca e me abaixei ao chão, desenhando no piso uns símbolos que não conhecia. Apenas deixei fluir o movimento da mão e, lentamente, o chão começou a se abrir, revelando uma absoluta escuridão, de onde brotava um frio assustador. O cheiro podre me fazia lembrar dos momentos em que eu havia estado nos planos inferiores. Levantei, tomando fôlego, e dei a mão a Ashal. Então caímos para dentro do portal.

Capítulo XVIII

A Prisão

A viagem foi rápida, mas as energias eram densas. Eu começava a sentir olhares e presenças assustadoras que nos cercavam. Ashal não tinha nem um pouco de serenidade em seu rosto. O trajeto terminou quando despencamos sobre um solo úmido de tanto sangue que corria sobre ele. À primeira vista, não era possível observar nada à frente, tudo era escuridão. Então, decidi sacar minha faca e levantá-la, na tentativa de iluminar o caminho. A força de meu pensamento fez abrir-se um facho de luz capaz de mostrar com nitidez o percurso que nos levaria às escadas de uma cova. Antes de avançar, mentalizei sobre Ashal uma cobertura escura que resguardasse sua intensidade. Andamos o mais rápido que podíamos, até que fomos detidos junto à entrada da cova por duas lanças. Eu não conseguia enxergar quem as segurava, pois não via nenhum braço. Porém, aguçando minha visão, vi que eram os guardiões daquele lugar. Tratava-se de espíritos de aparência egípcia com vestimentas escuras e serpentes se movendo entre suas pernas. Embora seus rostos se escondessem na penumbra, o fogo de uma tocha próxima revelou faces deformadas. As lanças tinham espinhos e brasas fumegantes que emitiam um som de ardor; realmente armas muito perigosas.

– O que desejam, malditos?

– Irmão guardião, necessitamos nos comunicar com o chefe deste lugar. Estou seguro de que ele deseja algo que tenho, assim como eu preciso de algo que ele guarda. Por outro lado, não somos malditos porque não carregamos feitiços de ninguém.

– Está bem, malditos, hahaha... Você acha que não existe maldição sobre você, mas só de vir até aqui está convidando energias negativas para entrarem em sua vida. E quem é essa maldita que está tentando esconder de nossos olhos?

– Ela é a coisa maldita que o chefe deseja – respondi com ironia.

– Hummm, ela é a que faltava? O príncipe estava procurando essa mulher havia um bom tempo. Passe, maldito. Estou vendo você entrar aqui, mas duvido vê-lo sair.

– Não presuma, guardião, não venho só. O Divino Criador observa cada passo que dou.

– Hahaha... É muito simpático e presunçoso, pequeno idiota. Você acha que O Inominável vai olhar para este lugar tão denso?

– Irmão, os olhos d'Ele estão em todos os lados, inclusive em seus olhos. D'Ele nada escapa, nem a menor das partículas. Não se trata de Ele nos observar, mas, sim, que cada um tenha a capacidade de poder encontrá-lo no lugar em que menos espere. Veja, por trás de sua aparência assustadora, de sua raiva e desamor que cala fundo em seu ser, há um espírito que tem tanta luz como qualquer outro de cima. As posições que muitas vezes tomamos na Criação são etapas de nossa consciência que devem superar o tempo e a forma, porém volta e meia temos de repetir essas etapas por não sabermos aproveitar as oportunidades.

– Entrem, essa conversa acabou! – disse o guardião enquanto retirava sua lança.

Começamos a descer as escadas que traziam um frio desagradável. A irmã que me acompanhava estava cega e anestesiada pela cobertura energética. Comecei a ser envolto por uma névoa negra que tentava me fazer cair no sono, porém eu resistia e clamava a meu mistério que me invadisse com seu poder, e rapidamente eu me recompus. As escadas nunca terminavam, e, como isso era estranho, voltei a aguçar a visão, dando-me conta de que tudo não passava de ilusão; não havia escadas ali, só uma parede escura revestida por uma crosta de velas derretidas. Era bem esquisito não existir nenhuma porta ali, então novamente concentrei as forças em minha visão e enxerguei que essa parede também não existia. Estávamos, na verdade, em um grande prédio com centenas de calabouços; gritos, choros e maldições eram ouvidos como se fossem uma chuva ácida caindo sobre o lugar. Realmente era desesperador sentir a necessidade daqueles espíritos ensanguentados, dementes e agressivos. Centenas de seres deformados nos rodearam, dando-nos boas-vindas. Tratei de manter a calma e a coragem para suportar a carga energética que nos envolvia como eu nunca antes havia sentido. Esses espíritos trevosos não paravam de se aproximar. Deixei minha faca à vista, em minha mão direita. Gradualmente uma luz azulada foi ganhando bastante intensidade e nos rodeou, como se fosse uma espécie de campo protetor que afastou a todos, exceto um, que ficou me observando.

– Que deseja aqui, Sete Facas? – falou o homem encapuzado, segurando na mão esquerda uma pedra incandescente.

– Preciso resolver contas pendentes que você tem com essa irmã, querido irmão.

– Olhe, seu irmão eu não sou. Se deseja me dar um nome, sou o Guardião da Pedra Preta. Não sei por quanto tempo você ficou pensando para vir até meus domínios, mas lhe asseguro que foi um grande erro.

– Erro teria sido não vir até aqui para libertá-lo também, Guardião da Pedra Preta. Você acha que vive uma liberdade aqui, mas está preso aos próprios sentimentos do passado, que ficaram espalhados pelas ações que você cometeu. E tenho aqui comigo um de seus maiores erros.

– Você se refere a esse farrapo de mulher que me traiu? Refere-se a esse ser deformado que me tornou o que sou hoje? Se é por ela, não há forma de negociar sua libertação. Agora, quero-a de volta!

Nesse momento, ele disparou uma forte corrente de luz alaranjada contra nós. O impacto me separou de Ashal e eu fui parar em um monte de pedras. Como que hipnotizada, lentamente ela foi ao encontro do ser, mas eu tive tempo de me recuperar e, em um só golpe, cravei minha faca no chão. Então, como se tivesse passado um vendaval, essas correntes de energias que seguravam Ashal se desintegraram. Fui correndo até ela, mas a cada passo o ambiente parecia ficar mais lento a ponto de minhas pernas ficarem paralisadas, e caí ao chão. Era tarde, aquele guardião já estava no comando de Ashal novamente. Às gargalhadas, aproximou-se para me olhar no olho:

– Viu, Sete Facas, você subestima seu entorno. Tudo que aconteceu com você foi pura sorte. Você não passa de um novato vestindo um mistério do Inominável. Hahaha...

– Irmão, você cometeu um erro muito grande ao me subestimar. O mistério que tenho permite que eu me transporte para muitos lugares, incluindo aqueles antagônicos ao seu mistério.

Com muito esforço, lancei-me sobre ele e agarrei seus pés. Nesse momento evoquei, por meio de uma língua que nem eu conhecia, forças que nos transportaram diretamente a outro lugar.

Capítulo XIX

Nos Domínios Minerais

Caí ao chão a uma distância considerável de Ashal e do guardião. Tentando compreender aonde tínhamos ido parar, comecei a observar aquele lugar misterioso. O chão era feito de uma pedra da qual cintilava uma luz rosa-escura e que, quando descansava sua força interna, deixava o ambiente completamente escuro. Bem longe de nós pude ver a silhueta de seres feitos totalmente de pedras, mas que eram rápidos nos movimentos. Levantei e tentei me reestabilizar, mas comecei a sentir uma dor intensa e caí chorando ao chão. O mais estranho de tudo era que minhas lágrimas se petrificavam e adquiriam a cor do lugar. Eu retirei as lágrimas uma por uma, como se estivessem presas ao meu rosto. Meu corpo se endureceu como uma pedra e eu conseguia ver o chão através de minha mão. Definitivamente eu estava petrificado, assumindo a realidade do lugar. Com isso, fui atingido por uma profunda letargia e perdi a consciência.

Não sei quanto tempo passou. Acordei ali, no mesmo lugar, mas com liberdade para me movimentar. Estiquei os braços e caminhei com rapidez até onde estavam Ashal e o guardião. Estando a uns metros deles, quando fiquei paralisado pela surpresa de ver seus corpos totalmente envoltos por uma esfera de uma espécie de pedra rosa cristalina. Eu me aproximei e toquei na pedra, mas dela saiu um frio tão intenso que queimou minha mão. Foi aí que percebi que os dois estavam sendo protegidos por algum guardião do lugar.

– O que o trouxe por aqui, irmão natural? – ressoou em minha mente uma voz muito serena.

– Não sei explicar como exatamente, mas estávamos em outra realidade antes de cair neste lugar, que se abriu após uma evocação minha.

– Exatamente. E você sabe como chegaram essas palavras à sua boca?

– Não, e, por mais que tente, jamais saberei de onde se originou esse conhecimento.

– Cada letra é uma porta a outra realidade, e quando elas se juntam da maneira correta formam pontes entre mundos.

– Interessante, meu irmão invisível. Poderia explicar um pouco mais isso?

– Sim. Quando um ser ofende alguém com palavras agressivas ou verdades sem crivo, constrói uma ponte entre a dor daquela pessoa e o conjunto de palavras que se une àquela verdade ou mentira. À medida que os sentimentos se intercalam, você é o beneficiado ou o prejudicado nessa troca.

– Que significa verdades sem crivo?

– Quando uma verdade é construída, há reflexões e ensinamentos que devem ser ditos com delicadeza. Para que você entenda melhor, um exemplo concreto. Muitos seres humanos não filtram suas verdades, a ponto de ferirem-se entre si, e se cobrem com o orgulho e arrogância para defender a própria postura.

– Obrigado pelos ensinamentos, mestre. Então eu construí uma ponte que nos trouxe até aqui?

– Sim, mas nossa realidade é diferente daquela de onde vocês vêm. Aqui, as palavras que ferem, as maldições, as mentiras ocultas no silêncio e os sentimentos convertidos em palavras se acumulam. E, quando atingem grande desequilíbrio, nós os cristalizamos em forma de mineral, assim como aconteceu com eles dois.

– Estou vendo. E estão em processo de descarrego, aparentemente, já que a cúpula que os cobre tem um fogo muito intenso por dentro.

– Correto. Mas isso se deu graças à sua intervenção, irmão das Sete Facas.

– Mas ainda não compreendo como entrei nessa realidade, irmão.

– A resposta está em seu nome. O número "sete" trouxe você a esta realidade mineral, e a faca permitiu a execução da justiça divina na vida desses espíritos. Não se esqueça nunca de que esse número que você carrega abre portas a muitas realidades, nas quais pode entrar cada vez que for necessário.

– Tem algo mais com o que deveria me surpreender, meu irmão mineral?

– Sim, que você está dentro de uma pedra.

– Como é possível isso?

– Eu lhe disse que seu número pode levá-lo a lugares inimagináveis.

– Eu não sabia que podia haver tanta sabedoria e tanta vida em uma pedra, irmão. Desculpe minha inocência, mas estou assimilando tantas coisas ultimamente.

– Não se preocupe, guardião. Mas, só para que continue se surpreendendo, você nunca reparou no cabo de sua faca?

– A pedra não está mais aqui! Onde foi parar?!

– Está na realidade da qual vieram. Vocês cruzaram essas dimensões graças à pedra incrustada no cabo de sua faca. Cada pedra, seja preciosa ou não, é um mundo totalmente distinto do seu, onde vivem seres que evoluem à sua maneira e a seu tempo. Aqueles magos ou manipuladores do mistério mineral sabem como ativar nossas qualidades para ajudar ou prejudicar alguém. Como você nunca tinha usado nossa realidade, teremos como nossos primeiros hóspedes esses dois seres que você nos trouxe e ficarão um bom tempo conosco. E trouxemos você até aqui para que tomasse consciência do grande mistério que lhe foi endereçado.

– Obrigado pela oportunidade, senhor.

– Agora, você retornará à sua realidade, irmão querido.

– Até sempre, irmão mineral.

O ser mineral finalmente se apresentou fisicamente. Tinha um corpo totalmente cristalino através do qual era possível enxergar sua corrente energética, o que, na Terra, poderia ser comparado com as veias do corpo. Seus olhos eram como duas pedras preciosas brilhantes. Não tinha lábios, orelhas ou nariz, apenas uma silhueta que lembrava a de um humano. Então, compreendi que nossa comunicação sempre seria mental. Através de seu corpo eu enxerguei o horizonte. Abracei-o forte e respirei lentamente. O lugar começou a ficar pesado novamente; eu estava na escuridão das trevas. Segurei minha faca com a mão direita; dela saía uma fumaça rosada.

Tomei consciência de tudo e me vi cercado de várias jaulas que aglomeravam milhares de espíritos prisioneiros em diferentes estados de decomposição. Segurei minha faca com as duas mãos. Respirei fundo e cravei-a no chão, caindo de joelhos. Ergui meus braços e, de palmas abertas, evoquei a força do Divino Criador. Uma luz branca começou a se formar sobre minhas mãos e se disseminava pelo ambiente envolvendo o corpo dos seres, que, ao serem absorvidos pela luz, mudavam a cor da pele e dos olhos. Baixei meus braços e peguei novamente a faca. Ela irradiava uma cor alaranjada muito forte. Empunhei a faca com uma de minhas mãos e fiz movimentos circulares enquanto pronunciava alguns sons. À medida que as jaulas foram se desintegrando, os seres se aproximaram para me observar atentamente. Quando todos estavam ao meu redor, coloquei minha faca junto ao peito e, com uma respiração profunda, agradeci pela oportunidade. De pé, observei sorrisos, assombro e a incredulidade daqueles muitos espíritos que me perguntavam o que fariam, aonde iriam... Procurei acalmá-los, dizendo:

– Meus irmãos, a liberdade é um direito de todo ser criado por Deus. Quando essa liberdade é mal utilizada, converte-se em libertinagem e é uma via dúbia pela qual podemos cair nas mãos das trevas. É por isso que se encontram aqui, hoje. Porque a libertinagem de cada um os levou a cometer ações contra a Lei de Deus. Mas o Divino Criador encontra em cada um de nós portas para ajudar outros irmãos, e por isso me foi dada a oportunidade de levá-los comigo aonde a justiça divina permita. Alguns irão ao encontro de seus familiares, outros terão de se recuperar em hospitais da Luz, e uns poucos deverão aguardar para serem recolhidos ao ponto principal de chegada ao mundo espiritual. Aqui, não importa a religião ou crença que tenham carregado na Terra. A caridade no mundo espiritual não etiqueta os necessitados nem separa os espíritos, mas, sim, os une sob uma mesma luz: aquela do amor por tudo e todos.

– Mas, senhor, existem, sim, diferenças! Não está vendo nossos corpos destruídos pela dor que estamos sofrendo todo esse tempo? – falou uma mulher, cujos seios estavam totalmente machucados, carcomidos por vermes que deslizavam por todo o corpo e provocavam intensa coceira.

– Seu corpo poderá receber tratamento, mas, se sua consciência estiver deformada pela ignorância, será mais difícil resgatar a beleza de sua essência. Todos aqui guardam uma aparência real. O problema é que, com o passar do tempo, energias vão se aderindo ao corpo de cada um, que se transforma no que realmente são. E toda forma adquirida tem sua origem. Essa origem da qual estou falando nasce na falta de perdão por algo que não puderam esquecer; uma raiva acumulada; uma obsessão não tratada; uma traição descoberta; uma maldição não purificada; enfim, sentimentos escondidos enraizados com a energia que foram gerados. Por isso é importante saber por que vocês estão aqui e o que devem fazer. Sem o perdão, não será possível retirar as raízes amargas das reações, meus irmãos, e elas continuarão se expandindo ao longo do destino de cada um, usurpando identidades de seres livres que são vocês, convertendo-os em prisioneiros do egoísmo, da ilusão e do orgulho descontrolado. Por isso eu lhes peço: entreguem suas penas a esse mistério que carrego e deixemos fluir as energias purificadoras da vida.

Nesse momento, muitos irmãos se ajoelharam a pedir perdão novamente. Quanta dor existia nas trevas, quanto mal-estar escondido na escuridão, quanto pesar humano foi depositado ali. Enquanto choravam, uma vez mais eu pedi ao Criador que me desse forças para poder levar todos dali. À medida que se descarregavam, senti presenças densas que queriam me impedir, mas empunhei minha faca e verbalizei sons de proteção que fizeram surgir uma cúpula avermelhada, criando uma espécie de realidade paralela às trevas na qual estávamos. Ergui minha faca e novamente fiz uma evocação, a fim de levar a outra realidade:

– Senhor Ogum de meu destino, abre as portas da Lei Maior do Criador a esses seres, a fim de que sejam encaminhados aos seus respectivos lugares. Faz de mim intermediário de seu mistério e da vontade divina do Criador.

Nesse instante, a faca irradiou sete cores que caíram em forma de chuva dentro daquela cúpula. Quando essas energias começaram a tocar o corpo daqueles seres, uma membrana energética de cor dourada se formou em torno de cada um, adormecendo-os. Realmente aquela chuva energética funcionou como um anestésico do sofrimento, e os gemidos foram silenciando-se. Durou muito pouco, mas foi o suficiente para banhar tudo. Baixei lentamente a faca e escrevi no chão com ela outros símbolos desconhecidos. Naquele traçado, um novo portal se abriu e começou a sugar alguns dos seres embalsamados com as energias. Entendi que aquele portal se destinava a outra realidade das trevas, para a qual espíritos em dívida para com a Lei Maior iriam novamente, a fim de descarregar seus negativismos. Um grande número foi sugado e, depois de um bom tempo, o portal se fechou.

Novamente ergui a faca sobre mim. Desenhei no ar outro símbolo, que abriu um portal totalmente iluminado, do qual eram emanadas luzes em tom azul e pelas quais os seres que restavam na cúpula eram envolvidos. Todos foram absorvidos pelo portal, e aquelas muitas almas inocentes se livraram do estado de cárcere. Apenas eu me mantive dentro da bolsa energética.

Os espíritos que ficaram o tempo todo do lado de fora, na masmorra, permaneciam ali me observando, mas não se aproximavam. Com as mãos erguidas para o alto, eu exaltei:

– Amado Criador, senhor de meu destino, acabo de cumprir seu desígnio!

Respirei profundamente e voltei a desenhar, usando a faca, outro portal, através do qual fui arrastado em um tubo luminoso que me levou de volta ao hospital.

Capítulo XX

Conhecendo o Mistério

O salão onde estavam as macas era muito comprido e amplo. Era difícil mensurar à primeira vista a quantidade de seres que havia saído daquele lugar. Assim como cresceu o número de pacientes, também aumentou o número de ajudantes. Mas não se viam apenas espíritos relacionados ao hospital, humanos com a consciência projetada, familiares do próprio paciente e até correntes de uma crença religiosa específica. Todos ajudavam não apenas doando energia, como também enviando palavras de discernimento a esses atordoados irmãos resgatados das trevas.

Caminhei exaustivamente por esse prédio cheio de macas, porém, entre tantas observações, não havia me dado conta de que estava sendo observado por um ser de traços africanos. Ele me abordou:

– Guardião das Sete Facas, o senhor foi o responsável por resgatar todos esses seres?

– Parece que sim, irmão desconhecido. O Divino Criador encontrou uma oportunidade em mim, e eu pude escutar seu pedido por trás dessa oportunidade – eu respondi.

– Mas seu mistério o ajudou a andar pelas trevas, irmão Sete Facas!

– Como sabe disso? Se você tem mais informações sobre esse mistério a mim designado, eu agradeceria se me mostrasse.

– Eu, ensinar a alguém tão evoluído quanto você? Creio que esteja confundindo os papéis, o mestre aqui é você.

– Não, irmão, o principal mestre é o destino, que afinal é uma das marcas do Criador. Nós somos não mais que intérpretes do que já está escrito. Todos aprendemos algo de todos. Porém isso, se você conhece algo desse mistério, me encantaria ouvi-lo.

– Não conheço com profundidade, mas existe alguém que sabe muito sobre os mistérios da Criação. É meu mestre da sabedoria.

– Leve-me até ele! Tenho certeza de que serei um aluno fiel e dedicado!

– Ele me pediu para vir buscá-lo, e me custou muito encontrá-lo. Desde que cheguei aqui ao hospital, já vi o Sol rodar com a Lua mais de 200 vezes.

– Perdões! Passou todo esse tempo desde que eu fui ao resgate?! – exclamei, estranhando como o tempo havia passado.

– Sim, nas trevas o tempo é mais lento, e nas dimensões cristalinas o tempo se duplica, irmão. Você lidou com três formas de tempo: o daqui, o das trevas e o momento em que entrou no mistério que o ampara.

– Hummm... Então, vocês estavam me observando o tempo todo, irmão.

– Eu não, mas o mestre, sim. Ele sabe muito sobre seus passos, além do que ele trabalha no Mistério do Tempo e da Sabedoria.

– Está bem, por favor me leve de uma vez até ele. Estou ansioso para conhecê-lo.

– Você já o conhece, irmão das Sete Facas – o ser me disse com um sorriso.

Deixamos o hospital e seguimos em direção a um bosque que ficava atrás do prédio. Esse não era como qualquer outro bosque; à medida que adentrávamos a densa vegetação, as plantas nos abriam caminho. Eu estava atordoado com o comportamento de certas flores que respondiam à minha admiração por elas, emanando luzes com as cores de suas pétalas. Sem demora, já havíamos perdido o hospital de vista. Só havia mata fechada em todas as direções. Isso me fez perceber que havíamos entrado em outra dimensão, mas de uma maneira sutil e silenciosa. Até a cor das folhas ia mudando lentamente para tonalidades de amarelo e marrom.

Enfim, chegamos a um grande portão com lindos desenhos em espiral forjados em cada canto, o que fazia daquela entrada algo magnífico, imponente e muito hermético. Diante daquela passagem estavam dois guardiões que nos cumprimentaram com um suave movimentos de suas espadas. Antes de entrar, o irmão que me conduziu até ali me olhou fixamente nos olhos, dizendo-me mentalmente que ficasse em silêncio o máximo que pudesse.

O que meus olhos viram não pode ser descrito com coisas da Terra. Nós estávamos em uma colônia grandiosa, onde habitava uma quantidade enorme de seres infantis. Aos simples olhar não dava para distinguir se eram humanos ou não; porém, à medida que íamos caminhando, eles nos davam sorrisos que tocavam fundo minhas emoções e faziam lágrimas correrem por meu rosto admirado. Quão grande e maravilhoso era o mundo do Criador, eu me dizia por dentro. Na Terra, muitos humanos pensam que o universo habitável termina no próprio planeta, mas estão redondamente enganados, vivendo uma ilusão.

Uma menina se aproximou toda curiosa e ficou andando a nosso lado. Ela sorriu, olhou-me fixamente e perguntou:

– Tio, sua faca abre portais?

– Claro que sim! – eu respondi, surpreso, já que minha faca estava escondida da vista dos demais.

– Meu avozinho está com muitas saudades, e a gente também queria muito conhecer você.

– Pois estou aqui, linda menininha. Você tem um belo sorriso!

– Obrigado, tio! Tome... um presente. – E a menina me entregou uma flor com pétalas douradas, que, quando eu a peguei, soltou um pólen que me cobriu por inteiro, com uma espécie de lâmina cristalina. Meu corpo ficou exposto a um brilho que se fazia maior que o imponente sol daquela dimensão. A menina saiu correndo, dando muitas risadas.

Vendo meu fascínio com tudo aquilo, o irmão que me acompanhava explicou:

– Talvez essa dimensão seja estranha para você, irmão das Sete Facas. Nós saímos das dimensões naturais para um plano encantado onde são instruídos os espíritos das crianças que ainda não assumiram as responsabilidades para encarnar na Terra; elas não compreendem os valores negativos do ser humano. Por isso, você é um perfeito estranho que desperta ainda mais a curiosidade neles. O Mestre Joaquim da Serra é o instrutor de todos esses seres encantados que você vê aqui.

– Mas são milhares! Como ele ensinaria a tantos?! – eu disse boquiaberto, enquanto contemplava aquele prado sob um envolvente céu azul, por onde caminhávamos.

– Todos eles se conectam com o mestre, criando perguntas em sua cabeça. Ele, por sua vez, vai respondendo com um amor incomparável. É possível conectar-se a muitas consciências, irmão, quando alguém assume o compromisso e se abandona para ser dos outros, porque os outros nos constroem, e com nossos mistérios vamos complementando o que nos ergueu pelo caminho. Nosso dever é usar nosso mistério para construir os demais, e os demais cumprem com a reação de nos construir à base do bem-estar, equilíbrio e alegria que despertam, evoluindo conosco.

– Essa sua reflexão é maravilhosa, irmão! Obrigado por me ensinar.

Nossa caminhada terminou em frente a uma casa feita de cristal aparentemente branca, mas que um olhar mais detalhado revelaria que era translúcida, o que me causou muita estranheza. A ilusão de ótica era causada por um grande movimento de luzes esbranquiçadas dentro do cristal que formava a estrutura da habitação. Eu nunca tinha visto algo assim. Reparando no piso da construção, percebi que também havia uma pedra branca cristalina incrustada mais profundamente, da qual saía um duto energético que se conectava com toda a casa. Era a segunda vez que eu via a manifestação do mistério abrigado nas pedras. A porta principal não contava com maçaneta, tampouco se abria. Apenas o movimento de luzes diminuía em sua superfície a ponto de nos deixar espaço livre para entrarmos. Que lugar maravilhoso de se ver era o grande corredor ao redor do qual estavam distribuídos os cômodos da casa. No primeiro quarto, à esquerda, havia várias camas distribuídas frente a frente. Vi que havia espíritos que passavam por uma espécie de transfusão de sangue, mas a diferença em relação à Terra era o fato de isso ser feito pelo meio da cabeça, não dos braços, por onde estava conectado um tubo energético que ligava ao cérebro. Era um luz cristalina muito espessa que estava concentrada em uma bola de luz bem brilhante que flutuava sobre o paciente.

Seguindo pelos outros quartos, encontramos seres de consciências humanas projetadas, as quais exteriorizavam energias humanas que se concentravam em grande esfera de luz dourada. Essa orbe irradiava, por meio de dutos energéticos, luzes brancas cristalinas em direção ao teto, onde se dispersavam.

Compreendi que eram humanos com maior elevação espiritual que a média dos mortais da Terra. Para todo o sofrimento latente nos vários lugares que conheci deste lado da vida, eu diria que faltam doadores de energias, muitos. A consciência humana é um grande motor que gera energia exclusivamente humana fundida com a espiritual, motivo pelo qual é a combinação perfeita que regula as consciências recém-desencarnadas ou aquelas que ainda não puderam passar à realidade que lhes corresponde.

Finalmente chegamos à última porta da casa. Eu sentia uma grande emoção sem saber por que, porém estava seguro de que algo novo entraria em minha vida. O companheiro que me levou até esse lugar sorriu para mim e me disse que já estava cumprida sua missão. Essas palavras me deixaram mais desconectado, mesmo assim tomei fôlego. A porta se abriu e eu tive a grande surpresa e alegria de ver em frente a mim um velho amigo da Terra, o negro João, responsável por aquela colônia. Atordoado, emocionado e entusiasmado, corri para ele e o abracei com muita força, derramando um choro desenfreado de alegria.

– O destino nos une outra vez, amado mestre! – eu murmurei em lágrimas.

– Meu filho – ele respondeu –, a vida é um concerto que toca as notas mais estranhas às vezes, as quais mesmo assim fazem parte da música da evolução. Você já executou as notas mais graves e também as mais agudas, mas o importante é que nunca deixou de tocar a melodia.

– Sim, mestre, já passei por tantas coisas que minha consciência foi sendo moldada de diversas formas. E em meio a tudo isso, encontro-me aqui com o senhor para novamente encaminhar meu destino.

– A vida de um ser humano tem muitos contrastes. E a própria consciência de cada ser regula esses contrastes para que se harmonizem com os desígnios do Criador. Alguns renunciam pelo caminho, em razão de tanta escuridão em suas vidas, e terminam perdendo diante das provas mais simples ou nas mais complexas. A comodidade de viver sem provações é um luxo antievolutivo, Julião.

— Compreendo, mestre. Mas quem conseguiria ser racional em momentos de desespero e descontrole emocional?

— Não se trata de compreender no momento, mas, sim, de assumir posteriormente tais provas como aprendizagem. Eis aí a confusão de muitos seres humanos. Esquecer seus problemas uma vez selecionados, sem analisá-los, tão somente é um fingimento para não despertar a dor.

— Agora entendo melhor, mestre. Mudando de assunto, este lugar é maravilhoso, incomum e envolvente!

— É verdade, este lugar é uma linda missão que me foi confiada, para preparar todos os seres encantados que cheguem a este domínio. Eles devem ser instruídos da melhor maneira possível, já que todos estão a caminho de reencarnar pela primeira vez.

— Como assim, encarnar pela primeira vez? Seres encantados? Prepará-los? Desculpe tantas perguntas, mestre, mas acho que o conhecimento do que o senhor fala foge de minha capacidade de compreensão.

— Quando digo encarnar pela primeira vez, refiro-me ao primeiro nascimento na dimensão dos seres humanos. Essas crianças estão se preparando em consciência e corpo, com todas as qualidades e características necessárias para subsistirem no novo mundo. É por isso que fui trazido para cá, pela experiência que vivi na Terra, interagindo com os humanos e suas emoções, o que me permitiu ensinar da melhor maneira possível esse lindos seres encantados.

— E por que os chama de seres encantados?

— Filho, imagine Deus, ou o Criador, da seguinte maneira: uma grande escola de vários graus. Cada grau vivido tem seus requerimentos a participar, assim como suas necessidades básicas para manterem-se em tal grau. No caso dessas crianças, elas estão em um grau encantado, onde moram certos tipos de seres. Ao terminarem esse degrau de sua evolução, passarão a outro grau e, vencidas essas etapas, poderão finalmente habitar o plano natural, onde estão os seres humanos. Mas, só para entenda melhor, cada grau tem seções internas, ou melhor, dimensões, nas quais essas crianças se especializam em algum tipo de energia. Por exemplo, no grau encantado existem dimensões relacionadas a elementos da Natureza. Alguns seres se sentem atraídos pelo elemento aquático; outros, pelo telúrico; etc. Assim como existem elementos combinantes que também atraem outros. Porém, aí muitos acabam se diferenciando uns dos outros, ainda que todos sejam atendidos igualmente aqui, irmão Julião.

– Entendi, mestre. Obrigado por sua sabedoria, que tanta falta me faz para ajudar melhor meu irmãos menos beneficiados.

– Sei dos caminhos por onde andou, e gostaria de pedir um favor, tendo em conta sua experiência recente nas dimensões inferiores, filho.

– Sou eternamente um ser agradecido e em dívida com o senhor, amado mestre. Nos momentos difíceis, o senhor soube controlar minhas emoções e domar minha consciência.

– Dívidas comigo? Não, meu filho. Em vez disso, ambos somos gratos ao Divino Criador, que nos confiou missões para Sua Criação.

– Compreendo, senhor. Em que posso lhe ser útil?

– Meu trabalho não se limita somente a esta dimensão, filho. Venho trabalhando sempre para os seres humanos, que são filhos necessitados de ajuda em sua caminhada evolutiva. Por tal motivo, há muitos anos estendo minha ajuda a templos religiosos que permitem a manifestação de nossa consciência, de maneira parcial, no corpo de seres humanos que têm o dom da incorporação em outras consciências para ajudar, dessa forma, com nosso mistério, às pessoas que vêm até nós. Então, sempre que há oportunidade estamos nesses templos oferecendo o que podemos para ver os irmãos da Terra melhores. Nossa ajuda varia bastante. Alguns buscam alívio para seus desequilíbrios emocionais, por meio de palavras de alento, esperança e otimismo. Outros carregam consigo cargas muito pesadas de ignorância que fizeram com que levassem nas costas grandes sacos de energias negativas, e só com paciência esses sacos vão esvaziando, para então encher-se de conhecimento, sabedoria e amor. Também chegam pessoas que possuem em seu campo pessoal de energia outras energias negativas e enfermidades ocasionadas pelos chamados "trabalhos negativos" ou "magias negras", que agem contra elas, por ignorâncias alheias que nascem em pessoas achegadas à vítima. Por tudo isso, eu gostaria de levá-lo comigo a um dos templos que frequento para que você vigie o lugar enquanto vou ajudando aos que eu possa, filho.

– Será uma honra para mim, senhor. Com minha fé posta no coração e na ordem de minhas ações, vigiarei, zelarei e resguardarei todo o trabalho que me seja oferecido.

– Muito obrigado, Guardião das Sete Facas. Esse será seu nome real e único na Terra.

– Por que me apresentarei dessa forma, senhor?

– Porque não existe a necessidade de que seu nome seja revelado. Porque você deve se esconder de seus inimigos, que sempre estão à espreita de seus tropeços. Porque deve ser reconhecido pelo nome do mistério que lhe dá as qualidades necessárias para ser um guardião de ferramentas que beneficiam os seres humanos. Nós nos desapegamos de nossa identidade para sermos unos com o Divino Criador.

– O senhor também age dessa forma?

– Sim. Meu nome de trabalho e mistério é João de la Sierra.

– Realmente é muito distinto de seu nome real.

– Perfeitamente, filho!

– Então, mãos à obra, senhor. Espero seus comandos. Estou à sua inteira disposição.

– Fique no salão, onde você perguntará por Akinesh. Ela te dará certas indicações energéticas relacionadas ao lugar onde trabalharemos no dia de hoje.

Eu, então, atendendo ao pedido de Mestre João, me retirei de seu gabinete e voltei ao corredor. Enquanto caminhava, notei lindos quadros que decoravam as paredes. Decidi apreciar um deles mais de perto, e as imagens da tela começaram a se mover. Um jardim da paisagem começou a florescer e colorir abundantemente a pintura, o que me causou imensa surpresa e emoção, com aquela mudança brusca. E o quadro mudou de novo sua forma, cores e tonalidades. Isso me levou à conclusão de que os quadros se uniam a nós, e eram nossos sentimentos que estabeleciam os padrões da imagem. Por último, fiz um teste. Emanei energias negativas colocadas em imagens de tristeza. Aquela paisagem começou a se mover entre várias tonalidades, até formar nuvens negras, chuva e relâmpagos, e o jardim não passava de um arbusto morto. Fique mais surpreso, e ao mesmo tempo preocupado, por como havia ficado aquele quadro. No mesmo instante, desconectei-me dessa paisagem e o quadro voltou a ser o que era antes.

– Você gosta dos quadros? – escutei uma voz suave a meu lado.
– Oh, desculpe-me. É que nunca vi nada semelhante.
– As pinturas falam com nossa emoção. E nossos sentimentos dão vida ou morte à paisagem, Guardião das Sete Facas.
– Perdão, quem é você?
– Akinesh. Eu estava esperando-o. Vamos à sala de estudos energéticos. O que o traz aqui, senhor?
– Meu destino, irmã. Passei por várias situações, e minhas decisões montaram esse caminho, que trilho com toda a responsabilidade.
– Crê que tais decisões coincidem com os desígnios de Deus?
– Acredito que sim. Estou em vias de empreender uma nova viagem para ajudar em outra realidade, irmã.
– Acreditar em algo não significa ter plena confiança, guardião. A resposta é sim ou não. Não mostre insegurança em suas palavras; a reação e a certeza são chaves importantes para o respeito de outros guardiões que buscam valores como os que acabo de lhe dizer.
– De acordo, mestra Akinesh. Então ratifico minhas palavras e digo que "Sim, são desígnios do Divino Criador em minha vida"!
– Assim está melhor, guardião. Assumir limitações e erros também é importante – ela me disse, olhando-me fixamente enquanto entrávamos em uma grande biblioteca de estudos energéticos.
Vários espíritos estavam lá dentro lendo livros de uma forma muito particular: escolhiam o material de leitura, abriam-no na metade, e da frente desses seres saía um cordão que se grudava ao livro. Em um olhar mais atento, vi que dentro aquele cordão energético era um duto com filamentos nos quais pulsavam cores maravilhosas. Em menos de dez minutos, os espíritos fechavam um livro e já pegavam outro para começar uma nova leitura.
– Irmã, como eles fazem para ler tão rápido? Eu nunca vi semelhante facilidade para leitura.
– É um mistério da consciência que lhe mostrarei, irmão das Sete Facas. Assim, você vai acelerar seu processo de aprendizagem e finalmente estará habilitado a acompanhar o Mestre João.
Fomos atrás de livros básicos de energia nos quais se falava do manuseio das chaves universais que habitam toda a Criação. Percebi a conexão do ser humano com as plantas, os animais e seu entorno. E como tais conexões eram possíveis por meio de verbos divinos

que continham as ações necessárias para a manifestação e desenvolvimento de tal energia na Terra. Graças ao mistério revelado por Akinesh, minha aprendizagem foi muito mais rápida. Não me lembro da quantidade de horas que ficamos ali, mas ao acabar a leitura de mais de cem livros eu estava exausto e em minha cabeça ressoava um zumbido grave que me deixava extremamente mareado. Como a guardiã percebeu meu mal-estar, convidou-me para ir novamente à sala de reequilíbrio energético.

    Nesse lugar, então, eu me recostei em uma cama e observei as estrelas que eram vistas pelo teto da construção. Fechei os olhos e agradeci profundamente a Deus pela oportunidade de estar vivendo uma experiência única desde que desencarnei. Acabei adormecendo para entrar em um sonho totalmente estranho. Nele, eu voava por um caminho através do qual segui em frente inconscientemente. Ao chegar a uma encruzilhada, encontrei uma pedra composta de metal e ouro. Não quis tocá-la, já que a energia que emanava era absorvente por natureza e extraía de mim energias positivas e negativas. Decidi reverenciá-la, então se manifestou uma mulher exuberante que passou suas mãos em meu rosto. Ela estava com um vestido bastante sedutor, bem decotado e com um talho que se perdia onde começavam suas pernas. Ela sorriu para mim com uma atração que me levou a tentar abraçá-la, mas ela se esquivou de meus braços e, com vergonha, retrocedi. A mulher, então, olhou-me fixamente nos olhos e através deles entrei em uma sala escura, cujas únicas luzes vinham estranhamente de rosas presas às paredes como se fossem tochas. O aroma daquele lugar era puro perfume feminino. Eu não sabia o que fazer nem para onde caminhar, e novamente vi a silhueta de uma mulher recostada sobre uma cama. Todo o meu corpo estremeceu e, lentamente, dirigi meu passos até ela. Quando estava a ponto de tocá-la, outra vez saí dos olhos daquela mulher, que deu uma gargalhada ao mesmo tempo em que me beijou na bochecha e com uma piscada me empurrou para trás, levando-me a despertar de volta à realidade.

    Despertei bastante intrigado com o sonho; era óbvio ter sido algo inconsciente. Fiquei inquieto, curioso e tentado por aquela mulher. Foi tamanho o sentimento despertado em mim, que resolvi contar a Mestre João, tentando vencer a ignorância que se abateu sobre mim. Fui ao seu gabinete. Bati na porta e ele me pediu que entrasse. Assim que me sentei, Mestre João me pediu que lhe contasse minhas experiências em outras realidades. Quando terminei meu relato, ele me respondeu:

– Era uma guardiã do amor, meu filho. Não chame isso de sonho porque foi uma projeção de sua consciência à outra realidade, à qual você também pertence.

– Como assim, pertenço, senhor?

– Exatamente. Você chegou aqui por conta própria, porque assim o sentiu, e, claro, foi bem-vindo. Porém, seu caminho final está nas trevas, filho, onde constantemente oferecerá ajuda.

– Mas o que são as trevas, no fim das contas? Está me falando de ajudar, senhor, mas quando eu estive lá ninguém veio em meu auxílio.

– Não confunda isso com os sentimentos que suas próprias decisões provocaram em você. Como acredita que Deus regula Sua Criação? Imagine se as trevas fossem uma liberdade total, isso seria um eterno caos. Então, existem consciências que regulam o comportamento dos seres das trevas, lutando contra eles. E você tem um caminho a seguir; porém, para chegar até lá, deve plantar aqui seu mistério para dar sustento a seus trabalhos nesta dimensão da vida.

– Entendi, senhor. Mas a que se refere com "plantar meu mistério"?

– Você possui elementos que são como captadores da situação do ambiente. Quando algo não está em ordem e necessitam de sua ajuda, poderá estar totalmente consciente disso e, dessa forma, será mais fácil sustentar este lugar enquanto estiver em outro.

– Agora sim compreendo, mestre. Então, com muita honra estabelecerei meu mistério aqui neste lugar.

– Assim será, irmão querido. Venha, vou lhe mostrar onde estará sustentado tal poder.

Nós nos dirigimos a outra sala. Essa era totalmente branca, de uma energia pura como uma flor no jardim ou o vento que percorre um campo aberto. O mestre fez o sinal da cruz no chão e também desenhou uma na parede; com estalos fez a mesma coisa no ar e outra em meu corpo. Respirei fundo e comecei a concentrar entre nós dois uma bola de luz dourada, dentro da qual apareceu uma faca feita de ouro. Senti meu corpo se desvanecer à medida que a faca foi tomando forma, e em meus pensamentos foi aparecendo uma grande figura dourada que amoldou seu rosto como o de um humano. Ela sorriu para mim e assoprou um pó sobre meu corpo. Em um solavanco, voltei à realidade com o Mestre João, que se concentrou e pediu que eu colocasse a mão dentro da esfera de luz e pegasse a faca. Atendi ao pedido e, com a mão direita, agarrei o cabo, que se aderiu à minha mão como se fosse parte de meu corpo. Novamente a intuição me moveu, e fui desenhando no chão um símbolo sagrado circular, de cujo traçado brilhava uma luz acobreada e se convertia em uma lâmina de cobre. Quando terminei, cravei a faca dentro do círculo simbólico. Nesse mesmo instante, uma faixa de luz dourada desceu do alto e cobriu exatamente o diâmetro do símbolo.

Eu não sei descrever aqui os sentimentos que despertaram em mim naquele momento. Só digo que deixei cair um pranto puro e inocente, pela energia maravilhosa daquele símbolo, e agradeci ao Criador pela oportunidade.

– Já está feito, filho. Eis aqui o manancial energético que dará ao trabalho que você vai começar agora.

– Como vou utilizar, mestre?

– Quando voltarmos à Terra para iniciar os trabalhos com um grupo de encarnados, você terá constantemente a luz de seu manancial, que banhará seu corpo a fim de evitar perda de equilíbrio durante as investidas que vão se apresentar ao longo da realização dos trabalhos naquele plano.

– Compreendo. Então, voltarei à Terra para resguardar um grupo?

– Isso mesmo, filho. É melhor irmos, pois já é tarde.

* * *

Fomos para os fundos da casa, onde havia um dos jardins mais bonitos que eu já havia visto. Conforme eu ia observando as flores, com admiração e encanto, elas retribuíam com sua energia vegetal que acariciava meu rosto e preenchia meu olfato com aromas maravilhosos. Cheguei perto de umas flores que estavam amontoadas e as acariciei, porque me inspiravam puro amor. Elas se acomodavam em minhas mãos, fazendo-me sentir protegido por um sentimento puro e natural. Devagar, retomei meu caminho em direção ao Mestre João, que já estava em frente a uma porta imponente, feita de ferro e madeira, com símbolos de espadas, escudos, lanças e escritos em uma língua que eu não conhecia.

– Sete Facas, chegou o momento de assumir novas responsabilidades. Você se preparou esse tempo todo com os mistérios que o iniciaram e deram sua proteção. Atrás dessa porta há um grande portal que o levará a seu lar estável e permanente, até que os desígnios do Criador para você se transformem em outras atividades. De minha parte, nada mais posso lhe oferecer. Somente minha amizade incondicional. Não se esqueça de que este lugar sempre será uma casa para você. Portanto, somente me resta dizer até sempre, filho!

– Pai amado, mestre e avô, o senhor me deu abrigo para descansar, aprender e assumir compromissos. Como mesmo diz, chegou o momento de finalmente eu me assentar em um lugar e firmar minha missão com o mistério ao qual fui iniciado um tempo atrás.

Demos um forte abraço, e, com um sorriso no rosto, Mestre João indicou que eu me colocasse diante da porta de ferro e pediu que eu sacasse minha faca e apontasse para uma pedra no meio da porta. Segundo meus estudos, a pedra era uma ágata de fogo, que desprendeu um raio vermelho suave. Esse raio se uniu à ponta de minha faca, que recebeu, pois, o mistério que abriria a porta. Ao ranger de um som metálico, lentamente ela se abriu e deu passagem a um vento forte que tomou meu corpo. Um portal eólico relevara-se e, dentro dele, uma luz vermelha intensa rodava em espiral. Respirei fundo várias vezes, enquanto agradecia ao Criador por tremenda oportunidade. Sem rodeios, saltei naquele portal e ali começaria outra história.

Capítulo XXI

O Guardião das Sete Facas

Assim que desci por uma intensa espiral eólica, caí sentado em uma grande cadeira parecida com um trono. Mas, desta vez, não caí com violência ou dores, e sim em um estado de total lucidez e paz interior.

O lugar estava complemente vazio; era um grande salão iluminado por velas azuis e brancas. O chão era como mármore, mas translúcido, sendo possível enxergar luzes se movendo por dentro. O cheiro lembrava as flores que conheci no jardim do hospital. Não havia quadros, janelas ou qualquer som; somente espaço vazio. Para não ficar parado, decidi me levantar e caminhar até uma porta que estava do outro lado. À medida que fui caminhando, lembrei-me do dia de minha iniciação no Mistério das Sete Facas, do regente do mistério e de que eu tinha uma missão a cumprir. Essas deduções me levaram a pensar que essa situação fazia parte de meu caminho evolutivo, que não era algo novo. Cheguei à porta e a abri lentamente. Fiquei maravilhado pelo que havia do outro lado: 14 portais incrustados no chão girando em sentido horário, cada um brilhando de maneira diferente. Alguns eram translúcidos, outros de cor muito mais concentrada. Fui passando diante de cada um para sentir a diferença. Mas não estava interessado em ir a nenhum lugar, precisava conhecer primeiramente todo o prédio para onde fui destinado a fim de executar minha missão. Depois de ter sentido todos os portais, decidi ir até o seguinte salão. Não havia porta, mas, sim, uma escada iluminada com velas que se perdia em uma escuridão como se fosse dar em um subsolo. Desci degrau a degrau e fiquei exaltado com os movimentos de luzes das paredes daquele lugar.

Descobri que os degraus me levariam à parte externa do prédio. Tratava-se de um grande castelo construído em estilo gótico com traços egípcios e, no alto, uma cúpula dourada com uma espécie de pedra incrustada na ponta da fortaleza. O lugar era iluminado por uma grande parede de símbolos que se perdiam no horizonte e que acolhia uma penumbra no que seria o final desse campo aberto. Nas paredes havia grandes celas. Aproximei-me de uma delas e minha faca logo se iluminou com uma luz vermelha que abriu as grades. Saí dali e ela se fechou novamente. Continuei andando por um bom tempo, mas parecia que eu não chegara nem à metade daquele lugar. Havia muito por fazer ali. Quando decidi voltar ao castelo, uma silhueta masculina familiar se formou em meu caminho. A sombra foi ficando mais nítida, até que finalmente pude ver que era o regente de meu mistério. Eu me ajoelhei e coloquei minha cabeça no chão. Senti seus passos que me cercavam. Ele parou e se dirigiu a mim com uma voz estrondosa:

– De pé, Julião. Chegou a hora de começarmos a trabalhar.

– Amado regente, estou à sua inteira disposição, com a vontade e a força postas nesse mistério que me outorgou. Como posso ser útil?

– Não é a mim que você deve ser útil, mas, sim, àqueles seres que precisam ser resgatados, descarregados, educados e reconduzidos aos seus respectivos caminhos evolutivos.

– Tem razão, senhor. Então, como poderei ser útil para eles?

– Você conheceu parte deste castelo que lhe entreguei para que trabalhe. Aquele lugar em que se encontram os portais é realmente onde estão caminhos que conduzem a realidades distintas. Cada um está unido a um grupo espiritual na Terra. Você terá nomes diferentes ali; alguns o chamarão por seu nome de guardião, outros como um mestre ascensionado, outros como um santo, outros como guia dos caminhos, e assim irá conhecendo cada nome que lhe indicará seu caminho, seu mistério.

– Compreendo, senhor, mas por que tantas divisões?

– Porque há muitos corações que se unem ao Criador em seu tempo e forma. Algumas delas são abertas e podemos unir-se a outros caminhos, mas outras são conservadoras e concentradas, que precisam de muita paciência para seguir evoluindo. Não poderá se apresentar em todas, mas nenhuma deixará de amparar.

– Por que não posso me apresentar, senhor?

– Porque não compreenderão e porque não está escrito em sua forma de interação com o mundo espiritual. Há grupos que só se limitam às intuições, outros à incorporação de espíritos, alguns à inspiração, à mentalização, e outros, ainda, a tudo isso. Cada religião ou sistema de crenças possui um estereótipo de nosso Criador. Alguns assumem que o Criador é um só corpo que não está distribuído em características ou também conhecidos pelos humanos como divindades.

– Agora compreendo muito mais, já não tenho perguntas.

– Então, voltemos ao salão dos portais, e eu lhe indicarei o procedimento de inserção nos grupos terrestres – ordenou o regente.

Retornamos ao salão que se encontrava na parte superior do castelo. O regente me indicou um portal para que eu me colocasse diante dele.

– Coloque sua faca sobre o portal e solte-a – ele disse.

Assim o fiz, e a faca começou a girar vertiginosamente e virou uma espécie de redemoinho energético. Dentro desse redemoinho surgiu o rosto de uma pessoa.

– Esse ser humano que você vê é o responsável por sua chegada à Terra. O início da jornada evolutiva de trabalho será dentro de três dias terrestres. Você se manifestará quando estiverem comemorando a "Festa de Ogum" e se apresentará como o Guardião das Sete Facas. Você deverá aprender muitos procedimentos ainda, mas os mecanismos já adquiridos e utilizados aqui poderão servir facilmente na Terra. Lembre-se: o que aqui funciona também funcionará lá; porém muitas energias que aqui você utiliza, lá encontrará em elementos materiais da Terra.

– Poderia me dar um exemplo, amado regente?

– Você reconhece que existe uma energia associada ao amor, especificamente à reparação de feridas emocionais ocasionadas por uma perda. Essa energia não poderá ser executada de maneira natural na Terra, então terá de utilizar elementos que permitam essa energia reconstrutora do amor. Algumas vezes, você as encontrará em vegetais, outras em minerais, e parte de seu trabalho será unir tudo isso para ativar as fontes de energia que se unirão à divina mãe, que receberá esse pedido que você vigiará, utilizará e executará para o benefício daquele que solicitou. Mas, lembre-se, todo esse conhecimento será adquirido à medida que tenha desenvolvido seu trabalho e esteja se desenvolvendo naquele grupo. Poderá utilizar algumas coisas do subconsciente da pessoa ou do meio com que vai trabalhar. É por isso que os espíritos que trabalham nessa missão devem conhecer seus instrumentos na Terra e estudar o que for possível, para complementar o trabalho no plano terrestre.

– Muito obrigado pelo esclarecimento, senhor. Isso me leva a acreditar que será necessário de minha parte um estudo contínuo.

– Seu caminho está apenas começando, meu filho. Terá de visitar escolas iniciáticas de magia, de mecanismos energéticos da Criação, de conhecimentos esotéricos e outras denominações mais complexas. Mas isso com o tempo. Agora, o importante é acabar de lhe mostrar quais serão seus instrumentos na Terra, em cada portal, e abrir as portas para mais caridade naqueles lugares.

– Compreendo. Estou atento, querido regente.

– Não se esqueça: seu ingresso naquele lugar corresponde a uma missão maior que a sua. Seu papel é complementar os ditames evolutivos desse grupo em particular. Então, existirão ocasiões nas quais você terá de responder também aos regentes da missão do grupo. Nesse caso, os regentes me solicitaram a abertura de meu mistério para complemento de suas missões. Agora, vamos nos voltar aos outros portais.

O rosto daquela pessoa seguia dentro do vendaval luminoso gerado a partir de minha faca. O regente me indicava como estudar aquele encarnado a partir de seus desejos, pensamentos e energia. Tivemos a informação completa daquele instrumento humano em instantes, e isso ficava registrado em minha mente como algo natural. Logo, passamos aos outros portais realizando o mesmo procedimento. Ao final, conheci todos os grupos humanos que frequentaria.

– Lembre-se, filho. Nem todos os espíritos trabalham dessa forma. Se lhe foi confiado esse tipo de trabalho é porque essa é sua missão com meu mistério. E você poderá ser iniciado em vários mistérios, não apenas nesse do qual sou regente.

– Não esquecerei disso, senhor.

– Que assim seja, Guardião das Sete Facas. Até sempre.

E o regente desapareceu como cores levadas por um vendaval. Novamente as luzes do salão voltaram a seus lugares. Eu olhei para o céu e contemplei um intenso e maravilhoso movimento de estrelas. Era parecido com a cor do céu terrestre, mas com a diferença de que cada estrela tinha vida própria e criava uma bela dança que me levava a um estado meditativo profundo. Senti vontade de elevar uma prece ao Criador Absoluto, e de joelhos iniciei a oração:

– Amado Pai e Mãe, Criador do Infinito e do Vazio. Desde minha última vida na Terra passou muito tempo, mas me encontro no lugar e na forma que Sua vontade desenhou em minha vontade. Ilumine minha consciência para que eu sempre possa transitar pelo caminho da ordem, e que tenha eco em todos os seres humanos que eu ajudar. Que Sua luz, que alimenta minha luz, se multiplique por intermédio de mim na luz dos corações que latejam com meu mistério. Que Seu universo seja refletido em meus olhos e que, quando chegarem irmãos que não dão valor à vida, eles vejam em meus olhos que a vida não se limita à dor deles, mas, sim, ao próprio Universo que nos aconchega. Que Seu amor se reflita em meus pensamentos, e a partir deles eu possa construir grandes castelos de emoções que abriguem todos os corações que passem por meu destino. Que Seu conhecimento alimente o meu, para poder edificar novas estruturas de pensamento naquelas pessoas que me escutem com atenção. Que Seu manto de proteção me resguarde em cada canto que eu visitar, levando Seus nomes em honor à Luz, ao amor e à vida... Obrigado, amado Pai e Mãe. Obrigado!

Entre lágrimas e sorrisos de alegria, ouvi uma suave voz respondendo:

"Apenas inicie sua jornada, filho... *Ame, ajude e ensine,* **assim como Eu farei com você".**

– Assim será, meu Criador... Assim será...